厚大法考

2024年国家法律职业资格考试

法考精神体系

万能金句·设问角度·三位一体

行政法

采分有料

主观题

魏建新 编著 厚大出品

中国政法大学出版社

造烛求明　读书求理

《《《 厚大在线 》》》

硬核干货
- 八大学科学习方法、新旧大纲对比及增删减总结、考前三页纸等你解锁。

定期直播
- 备考阶段计划、心理疏导、答疑解惑，专业讲师与你相约"法考星期天"直播间。

免费课堂
- 图书各阶段配套名师课程的听课方式，课程更新时间获取，法考必备通关神器。

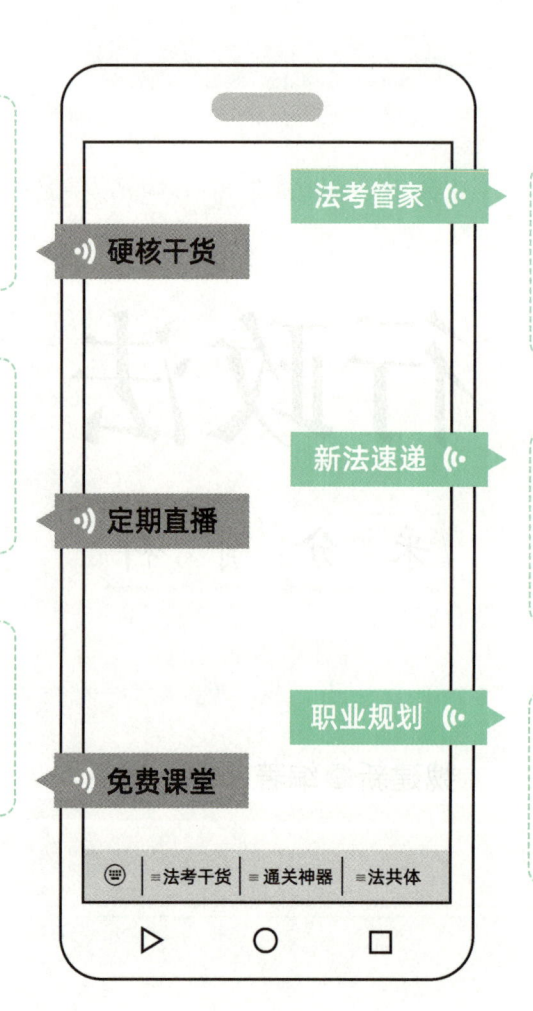

法考管家
- 法考公告发布、大纲出台、主客观报名时间、准考证打印等，法考大事及时提醒。

新法速递
- 新修法律法规、司法解释实时推送，最高院指导案例分享；牢牢把握法考命题热点。

职业规划
- 了解各地实习律师申请材料、流程，律师执业手册等，分享法律职业规划信息。

法考干货　通关神器　法共体

更多信息
关注厚大在线

HOUDA

代总序

做法治之光

——致亲爱的考生朋友

如果问哪个群体会真正认真地学习法律，我想答案可能是备战法考的考生。

当厚大的老总力邀我们全力投入法考的培训事业，他最打动我们的一句话就是：这是一个远比象牙塔更大的舞台，我们可以向那些真正愿意去学习法律的同学普及法治的观念。

应试化的法律教育当然要帮助同学们以最便捷的方式通过法考，但它同时也可以承载法治信念的传承。

一直以来，人们习惯将应试化教育和大学教育对立开来，认为前者不登大雅之堂，充满填鸭与铜臭。然而，没有应试的导向，很少有人能够真正自律到系统地学习法律。在许多大学校园，田园牧歌式的自由放任也许能够培养出少数的精英，但不少学生却是在游戏、逃课、昏睡中浪费生命。人类所有的成就靠的其实都是艰辛的训练；法治建设所需的人才必须接受应试的锤炼。

应试化教育并不希望培养出类拔萃的精英，我们只希望为法治建设输送合格的人才，提升所有愿意学习法律的同学整体性的法律知识水平，培育真正的法治情怀。

厚大教育在全行业中率先推出了免费视频的教育模式，让优质的教育从此可以遍及每一个有网络的地方，经济问题不会再成为学生享受这些教育资源的壁垒。

最好的东西其实都是免费的，阳光、空气、无私的爱，越是弥足珍贵,越是免费的。我们希望厚大的免费课堂能够提供最优质的法律教育,一如阳光遍洒四方,带给每一位同学以法律的温暖。

没有哪一种职业资格考试像法考一样,科目之多、强度之大令人咂舌,这也是为什么通过法律职业资格考试是每一个法律人的梦想。

法考之路,并不好走。有沮丧、有压力、有疲倦,但愿你能坚持。

坚持就是胜利,法律职业资格考试如此,法治道路更是如此。

当你成为法官、检察官、律师或者其他法律工作者,你一定会面对更多的挑战、更多的压力,但是我们请你持守当初的梦想,永远不要放弃。

人生短暂,不过区区三万多天。我们每天都在走向人生的终点,对于每个人而言,我们最宝贵的财富就是时间。

感谢所有参加法考的朋友,感谢你愿意用你宝贵的时间去助力中国的法治建设。

我们都在借来的时间中生活。无论你是基于何种目的参加法考,你都被一只无形的大手抛进了法治的熔炉,要成为中国法治建设的血液,要让这个国家在法治中走向复兴。

数以万计的法条,盈千累万的试题,反反复复的训练。我们相信,这种貌似枯燥机械的复习正是对你性格的锤炼,让你迎接法治使命中更大的挑战。

  亲爱的朋友,愿你在考试的复习中能够加倍地细心。因为将来的法律生涯,需要你心思格外的缜密,你要在纷繁芜杂的证据中不断搜索,发现疑点,去制止冤案。

  亲爱的朋友,愿你在考试的复习中懂得放弃。你不可能学会所有的知识,抓住大头即可。将来的法律生涯,同样需要你在坚持原则的前提下有所为、有所不为。

  亲爱的朋友,愿你在考试的复习中沉着冷静。不要为难题乱了阵脚,实在不会,那就绕道而行。法律生涯,道阻且长,唯有怀抱从容淡定的心才能笑到最后。

法律职业资格考试不仅仅是一次考试,它更是你法律生涯的一次预表。

我们祝你顺利地通过考试。

不仅仅在考试中,也在今后的法治使命中——

不悲伤、不犹豫、不彷徨。

但求理解。

厚大®全体老师 谨识

目录 CONTENTS

第一部分 ▶ 知识点精粹 001

专题 1　具体行政行为与行政诉讼受案范围 001

考点 1　具体行政行为的特点 001
考点 2　具体行政行为的种类 003
考点 3　行政诉讼的受案范围 006
考点 4　行政诉讼不予受理的行为 007

专题 2　具体行政行为的设定与实施 010

考点 5　具体行政行为的设定 010
考点 6　行政处罚的实施 012
考点 7　行政许可的实施 020
考点 8　行政强制措施的实施 024
考点 9　行政强制执行的实施 026
考点 10　行政公开的实施 030

专题 3　具体行政行为的主体与行政救济的主体 034

考点 11　行政复议中的申请人与第三人 034
考点 12　行政诉讼中的原告与第三人 035
考点 13　行政赔偿中的赔偿请求人 039
考点 14　具体行政行为的作出主体 039

考点 15　行政复议中的被申请人 ·· 042

考点 16　行政诉讼中的被告 ·· 043

考点 17　行政赔偿中的赔偿义务机关 ··· 045

专题 4　行政救济的管辖 ·· 047

考点 18　行政复议机关 ··· 047

考点 19　行政诉讼的级别管辖 ··· 048

考点 20　行政诉讼的地域管辖 ··· 049

专题 5　行政救济的程序 ·· 051

考点 21　行政复议程序 ··· 051

考点 22　行政诉讼程序 ··· 056

考点 23　行政赔偿程序 ··· 064

专题 6　行政救济的证据和规范性文件附带审查 ································ 066

考点 24　行政复议当事人举证 ··· 066

考点 25　行政诉讼当事人举证 ··· 067

考点 26　行政复议和行政诉讼的证据调取 ···································· 069

考点 27　行政复议中规范性文件的附带审查 ································ 070

考点 28　行政诉讼中规范性文件的附带审查 ································ 071

专题 7　具体行政行为的合法性与行政救济结案 ································ 073

考点 29　具体行政行为的合法性 ·· 073

考点 30　行政复议决定 ··· 075

考点 31　行政诉讼一审判决 ·· 076

考点 32　行政赔偿的构成 ·· 078

专题 8　行政协议诉讼 ·· 080

考点 33　行政协议的判断 ·· 080

考点 34　行政协议诉讼的受案范围 ·· 080

考点 35　行政协议诉讼的原告、被告和管辖法院 ·························· 081

考点 36　行政协议诉讼的程序 ··· 082

考点 37　行政协议诉讼的举证责任和法律适用 ····························· 082

考点 38　行政协议诉讼的判决 ·· 083

专题 9　先行政复议后行政诉讼的处理 ··· 085

考点 39　行政复议与行政诉讼的程序关系 ·· 085

考点 40　行政诉讼被告与行政赔偿义务机关 ······································ 086

考点 41　行政诉讼管辖 ·· 087

考点 42　行政诉讼举证责任 ·· 088

考点 43　行政诉讼判决 ·· 088

专题 10　刑事赔偿与国家赔偿方式 ·· 090

考点 44　刑事赔偿范围 ·· 090

考点 45　刑事赔偿义务机关 ·· 092

考点 46　刑事赔偿程序 ·· 092

考点 47　国家赔偿方式、赔偿标准和赔偿费用 ···································· 093

第二部分　面批面改　096

案例 1　国家市场监管总局对某公司行政处罚案 ··································· 096

案例 2　李某等 182 人诉某市政府侵犯客运人力三轮车经营权案 ··················· 101

案例 3　叶某诉某县政府强制拆除房屋案 ·· 107

案例 4　李某诉某省交通厅政府信息公开案 ·· 111

案例 5　王某诉某市人社局工伤认定案 ·· 115

案例 6　田某诉某大学拒绝颁发毕业证、学位证案 ································· 120

案例 7　某区检察院诉某市林业局不履行法定职责案 ······························· 126

案例 8　某奶制品企业诉市场监管局处理决定案 ··································· 132

案例 9　某燃气公司诉某市政府解除特许经营协议案 ······························· 137

案例 10　苏某诉某区政府和市政府土地确权案 ···································· 142

缩略语对照表 ABBREVIATION

行政协议案件规定	最高人民法院关于审理行政协议案件若干问题的规定
行诉解释	最高人民法院关于适用《中华人民共和国行政诉讼法》的解释
行政许可案件规定	最高人民法院关于审理行政许可案件若干问题的规定
政府信息公开案件规定	最高人民法院关于审理政府信息公开行政案件若干问题的规定
检察公益诉讼解释	最高人民法院、最高人民检察院关于检察公益诉讼案件适用法律若干问题的解释
行政赔偿案件规定	最高人民法院关于审理行政赔偿案件若干问题的规定
行政诉讼证据规定	最高人民法院关于行政诉讼证据若干问题的规定
行诉撤诉规定	最高人民法院关于行政诉讼撤诉若干问题的规定
刑事赔偿案件解释	最高人民法院、最高人民检察院关于办理刑事赔偿案件适用法律若干问题的解释

知识点精粹 第一部分

专题 1　具体行政行为与行政诉讼受案范围

具体行政行为与行政诉讼受案范围密切相关，在案例分析题中，具体行政行为是判断行政诉讼受案范围的主要标准。

考点 1　具体行政行为的特点

命题角度分析

> 在案例分析题中，主要考查具体行政行为的识别和判断，要求考生能够把具体行政行为和其他行政行为进行区分。案例分析题中一般会这样提问：某机关实施了多少个具体行政行为？某行为是不是具体行政行为？请对某行为的法律性质进行分析。

具体行政行为，是指行政主体依法就特定事项对特定的公民、法人和其他组织权利义务作出的单方行政职权行为。

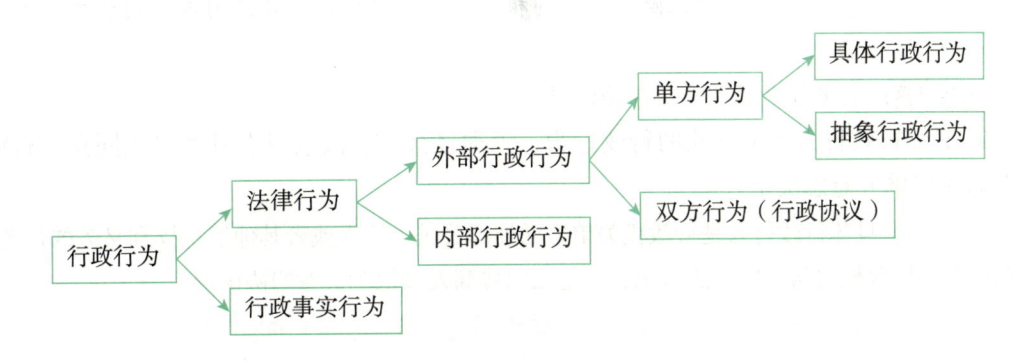

```
                                          ┌── 具体行政行为
                              ┌── 单方行为──┤
                              │           └── 抽象行政行为
              ┌── 外部行政行为─┤
              │               └── 双方行为（行政协议）
   ┌── 法律行为┤
   │          └── 内部行政行为
行政行为┤
   │
   └── 行政事实行为
```

(一) 具体行政行为是法律行为：区别于行政事实行为

1. 具体行政行为是行政机关使公民、法人或者其他组织在行政法上权利义务得以建立、变更或者消灭的行为。

2. 行政事实行为是不以建立、变更或者消灭当事人法律上权利义务为目的的行政活动，是行政职权实施中的行为。

[例] 行政机关没收非法出版物的行为是具体行政行为，而行政机关将非法出版物予以销毁的行为则是行政事实行为。

万能金句 具体行政行为以处理当事人法律上权利义务为目的，行政事实行为不以处理当事人法律上权利义务为目的。

(二) 具体行政行为是外部行政行为：区别于内部行政行为

1. 具体行政行为是行政机关在行政管理过程中对行政系统外的公民、法人或者其他组织作出的行政行为。

[例] 行政处罚、行政许可、行政强制和行政公开都是对行政系统外的公民和组织作出的，都属于具体行政行为。

2. 内部行政行为是行政机关对行政系统内的组织或者个人所实施的管理行为。

[例] 甲地市场监管局致函乙地市场监管局，请求协助调查的行为；市商务局安排其工作人员到某贸易公司挂职锻炼的行为。

注意：凡是行政系统内上级机关对下级机关、人民政府对工作部门、行政机关对内设机构、行政机关对工作人员所作的行为，都属于内部行政行为。

万能金句 具体行政行为是对行政系统外的组织或者个人作出处理，内部行政行为是对行政系统内的组织或者个人作出处理。

(三) 具体行政行为是单方行为：区别于行政协议

1. 行政协议，是指行政机关为了实现行政管理或者公共服务目标，与公民、法人或者其他组织协商订立的具有行政法上权利义务内容的协议。行政协议是一种双方性的行政行为。

[例] 政府特许经营协议，土地、房屋等征收征用补偿协议，矿业权等国有自然资源使用权出让协议，政府投资的保障性住房的租赁、买卖等协议以及政府与社会资本合作协议，都是行政协议。

法条链接 《行政协议案件规定》第1条。

2. 具体行政行为是单方性的行政行为，无须经公民、法人或者其他组织同意，行政机关就可以单方意志决定。

万能金句 具体行政行为是行政机关单方面处理公民、法人或者其他组织权利义务的行为，行政协议是行政机关与公民、法人或者其他组织协商处理权利义务的协议行为。

(四) 具体行政行为是对特定人或者特定事项的处理：区别于抽象行政行为

1. 具体行政行为是对特定人或者特定事项的一次性处理。

[提示] 处理的个别性是具体行政行为区别于抽象行政行为的主要标志。

2. 抽象行政行为是为不特定人和不特定事项安排的、可以反复适用的普遍性规则，主要包括行政法规、行政规章和其他规范性文件（立法上往往表述为具有普遍约束力的决定、命令）。

[例] 某市政府发布的关于机动车按照车牌尾号限行的通告。

[万能金句] 具体行政行为是针对特定对象作出的处理，抽象行政行为是针对不特定对象作出的处理。

考点2 具体行政行为的种类

[命题角度分析]

在案例分析题中，主要考查具体行政行为的种类，即案例中的行为属于哪一种具体行政行为。案例分析题中一般会这样提问：请对某行为的法律性质进行分析。如何区分行政处罚和行政强制措施？如何区分行政强制措施和行政强制执行？如何区分行政许可和行政确认？如何区分行政确认和行政裁决？如何区分行政征收和行政征用？某信息是否应当公开？

具体行政行为的种类繁杂，但在案例分析题中，主要涉及以下九类：

（一）行政处罚

行政处罚，是指行政机关依法对违反行政管理秩序的公民、法人或者其他组织，以减损权益或者增加义务的方式予以惩戒的行为。治安管理处罚属于行政处罚的一种，是指公安机关给予有违反治安管理行为的公民、法人和其他组织的行政处罚。

[例] 以下行为都属于行政处罚：①警告、通报批评；②罚款、没收违法所得、没收非法财物；③暂扣许可证件、降低资质等级、吊销许可证件；④限制开展生产经营活动、责令停产停业、责令关闭、限制从业；⑤行政拘留。

[万能金句] 行政处罚是对违反行政管理秩序的公民、法人或者其他组织，以减损权益或者增加义务的方式予以惩戒的行为。惩罚性是行政处罚的本质特征。

[法条链接]《行政处罚法》第2、9条；《治安管理处罚法》第2条。

（二）行政强制措施

行政强制措施，是指行政机关在行政管理过程中，为制止违法行为、防止证据损毁、避免危害发生、控制危险扩大等情形，依法对公民的人身自由实施暂时性限制，或者对公民、法人或者其他组织的财物实施暂时性控制的行为。

[提示] 行政强制措施是暂时性限制或者控制的行为，具有临时性和中间性。在行政执法实践中，行政强制措施通常是为行政机关的最终处理决定作准备。

1. 对人采用的强制措施

[例] 以下行为都属于对人采用的强制措施：①限制公民人身自由；②强制隔离戒毒；

③留置审查；④采取保护性约束措施（醉酒的人在醉酒状态中，对本人有危险或者对他人的人身、财产或者公共安全有威胁的，应当对其采取保护性措施约束至酒醒）。

2. 对物采用的强制措施

[例] 以下行为都属于对物采用的强制措施：①查封场所、设施或者财物；②扣押财物；③冻结存款、汇款；④冻结资金、证券。

注意： 责令停止违法行为与《行政处罚法》第9条第4项规定的"责令停产停业"处罚种类很相像，但前者停止的是当事人的"违法行为"，而不是当事人的"合法行为"，其目的是制止违法行为；后者是因为当事人在生产经营中存在"违法行为"而停止其生产经营，其目的是对当事人进行惩戒。因此，责令停止违法行为属于行政强制措施，而责令停产停业属于行政处罚。

万能金句 行政强制措施是对公民的人身自由实施暂时性限制，或者对公民、法人或者其他组织的财物实施暂时性控制的行为。预防性和制止性是行政强制措施的本质特征。

法条链接 《行政强制法》第2条第2款、第9条。

（三）行政强制执行

行政强制执行，是指行政机关或者行政机关申请法院，对不履行行政机关依法作出的行政处理决定的公民、法人或者其他组织，采取强制手段，迫使其履行义务或者达到与履行义务相同状态的行为。

注意： 行政强制执行的主体比较特殊，包括行政机关和法院。

[例] 以下行为都属于行政强制执行：①加处罚款或者滞纳金（这里的罚款不属于行政处罚，而是由于当事人不缴纳行政处罚中的罚款，行政机关通过加处罚款实施的一种行政强制执行）；②划拨存款、汇款；③拍卖或者依法处理查封、扣押的场所、设施或者财物；④排除妨碍、恢复原状；⑤代履行；⑥强制拆除房屋或者设施；⑦强制清除地上物。

万能金句 行政强制执行的目的在于以强制的方式迫使当事人履行义务或达到与履行义务相同的状态。执行性是行政强制执行的本质特征。

法条链接 《行政强制法》第2条第3款、第12条。

（四）行政许可

行政许可，是指在法律一般禁止的情况下，行政机关根据公民、法人或者其他组织的申请，通过颁发许可证或者执照等方式，依法赋予特定的行政相对人从事某种活动或者实施某种行为的权利或资格的行为。

[例] 以下行为都属于行政许可：①工商登记；②社会团体登记；③颁发机动车驾驶证；④特许经营许可；⑤建设工程规划许可；⑥建筑工程施工许可；⑦矿产资源许可；⑧药品注册许可；⑨医疗器械许可；⑩执业资格许可。

法条链接 《行政许可法》第2条。

（五）行政确认

行政确认，是指行政机关对相对人的法律地位、法律关系或者法律事实给予确定、认定、证明的具体行政行为。

[例] 以下行为都属于行政确认：①基本养老保险资格或者待遇认定；②基本医疗保险资格或者待遇认定；③失业保险资格或者待遇认定；④工伤保险资格或者待遇认定；⑤生育保险资格或者待遇认定；⑥最低生活保障资格或者待遇认定；⑦确认保障性住房分配资格；⑧颁发学位证书或者毕业证书。

万能金句 行政许可与行政确认的区别：行政许可一般是使相对人获得实施某种行为的权利或者从事某种活动的资格，而行政确认则仅仅是确认相对人的法律地位、权利义务和法律事实等。

（六）行政裁决

行政裁决，是指行政机关依据法律授权，对发生在行政管理活动中的平等主体间的特定民事争议进行审查并作出裁决的具体行政行为。

[例] 以下行为都属于行政裁决：①土地、矿藏、水流、荒地或者滩涂权属确权；②林地、林木、山岭权属确权；③海域使用权确权；④草原权属确权；⑤水利工程权属确权。

万能金句 行政确认与行政裁决的区别

1. 对象不同。行政确认的对象可以是合法的行为和事实，也可以是违法的行为和事实；可以是有争议的事实，也可以是没有争议的事实。而行政裁决的对象必须是相对方提起的有争议的事实。

2. 目的不同。行政确认的目的是确认相对人的法律地位、法律关系或者法律事实等；而行政裁决的目的是解决当事人之间的争议。

3. 法律效果不同。行政确认不创设当事人的权利，不增加当事人的义务；而行政裁决可以直接增减、免除当事人的权利义务。

（七）行政征收或者征用

行政征收或者征用，是指行政机关为了公共利益的需要，依照法定程序强制征收或者征用行政相对人的房屋、土地、动产，并给予补偿的具体行政行为。

[例] 以下行为都属于行政征收或者征用：①征收或者征用房屋；②征收或者征用土地；③征收或者征用动产。

万能金句 行政征收与行政征用的区别：行政征收涉及财产所有权，行政征用涉及财产使用权。

（八）行政给付

行政给付，是指行政机关对公民在年老、疾病或者丧失劳动能力等情况或其他特殊情况下，依照有关法律、法规规定，赋予其一定的物质权益或者与物质有关的权益的具体行政行为。

[例] 以下行为都属于行政给付：①给付抚恤金；②给付基本养老金；③给付基本医疗保险金；④给付失业保险金；⑤给付工伤保险金；⑥给付生育保险金；⑦给付最低生活保障金。

万能金句 行政给付是行政机关在特定条件下赋予公民或者组织一定物质及其相关权益的具体行政行为。

（九）行政公开

行政公开，是指公民、法人和其他组织对行政机关在行使行政职权的过程中掌握或者控制的信息拥有知情权，除法律明确规定的不予公开事项外，行政机关应当通过有效的方式向社会公众和申请人公开。

1. 政府信息公开的标准：以公开为常态、不公开为例外。除法定的不予公开事项外，其他政府信息均应公开。试题中未明确是否属于不予公开事项时，推定应予以公开。

2. 行政机关公开政府信息，不得危及国家安全、公共安全、经济安全和社会稳定。

3. 行政机关不得公开涉及国家秘密的政府信息。

注意：对于涉及国家秘密的政府信息，要建立健全政府信息公开审查机制，行政机关在公开政府信息前应当依法对拟公开的政府信息进行审查。行政机关不能确定政府信息是否可以公开的，应当依法报有关主管部门或保密行政管理部门确定。

4. 行政机关不得公开涉及商业秘密、个人隐私的政府信息。

注意：涉及商业秘密、个人隐私的政府信息，经权利人同意或者行政机关认为不公开会对公共利益造成重大影响的，可以予以公开。

5. 行政机关的内部事务信息，包括人事管理、后勤管理、内部工作流程等方面的信息，以及行政机关在履行行政管理职能过程中形成的讨论记录、过程稿、磋商信函、请示报告等过程性信息以及行政执法案卷信息，可以不予公开。

万能金句 政府信息以公开为常态、不公开为例外。涉及国家秘密的政府信息不得公开，危及国家安全、公共安全、经济安全和社会稳定的政府信息不得公开，涉及商业秘密、个人隐私的政府信息一般不公开，行政机关的内部事务信息、过程性信息以及行政执法案卷信息可以不予公开。

法条链接《政府信息公开条例》第5、14~17条。

考点3 行政诉讼的受案范围

命题角度分析

在案例分析题中，只要是具体行政行为，就属于行政诉讼受案范围，无需探究是哪一种具体行政行为。案例分析题中一般会这样提问：哪些行为属于行政诉讼受案范围？某行为是否属于行政诉讼受案范围？

法院审理行政案件，对行政行为是否合法进行审查。行政行为既包括具体行政行为，也包括行政协议行为。具体行政行为的判断是认定行政诉讼受案范围的关键。

法条链接《行政诉讼法》第2条；《行诉解释》第1条第1款。

注意：在考试中，考生需要通过具体行政行为的三个要素来判断某一行为是否属于具体行政行为：①主体要素，即具体行政行为必须是行政权力主体所实施的行为；②职权要素，即具体行政行为必须是行使行政职权的行为；③法律要素，即具体行政行为是对行政相对人权利义务进行直接处理或产生实际影响的行为。

[例] 某市经济发展局根据A公司的申请，作出鉴于B公司自愿放弃其在某合营公司的股权，退出该合营公司，恢复A公司在该合营公司的股东地位的批复。B公司不服，向法院提起诉讼。该市经济发展局的批复是对B公司权利义务进行具体处理的行为，是具体行政行为，属于行政诉讼受案范围。

[万能金句] 某行为属于对公民、法人或者其他组织权利义务进行直接处理或产生实际影响的具体行政行为，公民、法人或者其他组织对该行为提起诉讼的，属于行政诉讼受案范围。

考点 4 >> 行政诉讼不予受理的行为

命题角度分析

在案例分析题中，需要考生对行政诉讼不予受理的行为进行准确的识别和判断，特别是分析案例中的行为是否属于行政诉讼不予受理的行为，属于哪一种不予受理的行为。案例分析题中一般会这样提问：某行为是否属于行政诉讼受案范围？哪些行为不属于行政诉讼受案范围？

（一）抽象行政行为

抽象行政行为，是指行政机关制定行政法规、行政规章和发布具有普遍约束力的决定、命令的行为。

注意：《行政诉讼法》虽然赋予了公民、法人或者其他组织申请法院对抽象行政行为中的规章以下行政规范性文件审查的权利，但只能附带申请审查，而不能直接起诉规章以下行政规范性文件，抽象行政行为仍然不属于行政诉讼受案范围。

[万能金句] 该行为是行政机关发布具有普遍约束力的决定、命令的行为，作为抽象行政行为，其不属于行政诉讼受案范围。

（二）内部行政行为

内部行政行为既包括行政机关的内部人事管理行为，即行政机关对其工作人员的奖惩、任免以及培训、考核、离退休、工资、休假等方面的决定，也包括行政机关、行政机构之间的行为，即上级行政机关对下级行政机关作出的行为、行政机关对内设机构作出的行为等。

[例1] 行政机关的内部沟通、会签意见、内部报批等行为，属于内部行政行为。

[例2] 上级行政机关基于内部层级监督关系对下级行政机关作出的听取报告、执法检查、督促履责等行为，属于内部行政行为。

[万能金句] 该行为是对行政系统内的下级行政机关、内设机构、工作人员所作的内部行政行为，不属于行政诉讼受案范围。

（三）刑事侦查行为

刑事侦查行为，是指公安、国安等国家机关以刑事侦查机关身份实施的行为。

注意：刑事侦查行为只能是公安、国安等国家机关在《刑事诉讼法》明确授权的范围内实施的行为。

[例] 讯问刑事犯罪嫌疑人，询问证人，检查、搜查、扣押物品（物证、书证），冻结存款、汇款，通缉，拘传，取保候审，保外就医，监视居住，刑事拘留，执行逮捕等，都是刑事侦查行为。

万能金句 该行为是公安、国安等国家机关依《刑事诉讼法》的授权实施的刑事侦查行为，不属于行政诉讼受案范围。

（四）行政调解行为

行政调解行为，是指行政机关劝导发生民事争议的当事人自愿达成协议的一种行政活动。

注意：下列两种情形都属于行政诉讼受案范围：①行政机关借调解之名，违背当事人的意志作出具有强制性的决定，该行为视为行政裁决行为；②行政机关在调解过程中实施了具体行政行为，如采取了强制措施。

万能金句 该行为是行政机关在民事争议的当事人自愿达成协议的基础上作出的行政调解行为，不属于行政诉讼受案范围。

（五）行政指导行为

行政指导行为，是指行政机关以倡导、示范、建议、咨询等方式，引导公民、法人和其他组织自愿配合而达到行政管理目的的行为。

注意：如果行政机关在实施行政指导行为时带有强制性，那么这种"假指导真强制"的行为，就属于行政诉讼受案范围。

万能金句 该行为是行政指导行为，不具有强制性，不属于行政诉讼受案范围。

（六）重复处理行为

重复处理行为，是指行政机关根据公民的申请或者申诉，对原有的生效行政行为作出的没有任何改变的再次处理决定。

注意："申诉"不是指申请行政复议，而是指当事人在超过复议申请期限和起诉期限的情况下，对已经生效的行政行为不服而向有关行政机关提出的申诉。

万能金句 该行为是行政机关的重复处理行为，没有对当事人权利义务产生新的影响，不属于行政诉讼受案范围。

（七）执行生效裁判行为

执行生效裁判行为，是指行政机关根据法院的生效裁判、协助执行通知书作出的执行行为。

注意：行政机关协助执行时，扩大执行范围或者采取违法方式实施的行为，属于行政诉讼受案范围。

万能金句 该行为是行政机关执行法院的生效裁判、协助执行通知书而作出的行为,不属于行政诉讼受案范围。

(八)对公民、法人或者其他组织权利义务不产生实际影响的行为

对公民、法人或者其他组织权利义务不产生实际影响的行为,是指行政机关在作出行政行为之前实施的各种准备行为、阶段性行为、过程性行为。

⚠注意:"实际影响",是指使公民、法人或者其他组织权利义务发生了变化,如限制、减少权利,增加、免除、减少义务等;"不产生实际影响"意味着行政活动没有使公民、法人或者其他组织权利义务发生实在的变动。

[例1] 行政机关为作出行政行为而实施的准备、论证、研究、层报、咨询等行为,属于过程性行为,不属于行政诉讼受案范围。

[例2] 行政机关针对信访事项作出的登记、受理、交办、转送、复查、复核意见等行为,属于程序性处理行为,不属于行政诉讼受案范围。

[例3] 公民、法人或者其他组织认为行政机关不依法履行主动公开政府信息义务时:①直接向法院提起诉讼的,不属于行政诉讼受案范围;②向行政机关申请获取政府信息,对行政机关的答复或者逾期不予答复不服,向法院提起诉讼的,属于行政诉讼受案范围。

万能金句 该行为是对公民、法人或者其他组织权利义务不产生实际影响的行为,不属于行政诉讼受案范围。

法条链接《行政诉讼法》第13条;《行诉解释》第1条第2款、第2条;《行政许可案件规定》第3条;《政府信息公开案件规定》第2、3条。

专题 2　具体行政行为的设定与实施

具体行政行为的设定，是指行政处罚、行政许可、行政强制的创设和具体规定；具体行政行为的实施，是指行政处罚、行政许可、行政强制、行政公开的实施程序。

考点 5　具体行政行为的设定

命题角度分析

在案例分析题中，主要考查设定权限，即不同法律规范对于行政处罚、行政许可、行政强制的设定权限，考查地方性法规和规章设定具体行政行为的合法性。案例分析题中一般会这样提问：某规范规定行政处罚是否合法？某规范规定行政许可是否合法？某规范规定行政强制措施是否合法？某规范规定行政强制执行是否合法？

（一）行政处罚的设定

	行政处罚的种类			可设定该行政处罚的规范性法律文件
设定权限	行政拘留			法律
	吊销营业执照			行政法规
	其他行政处罚			地方性法规
	罚款	不限数额		
		一定数额		部门规章 地方政府规章
	警告、通报批评			
具体规定	在上位法规定的给予行政处罚的行为、种类和幅度的范围内作出具体规定			行政法规、地方性法规、部门规章、地方政府规章

［提示1］行政拘留只能由法律设定；吊销营业执照的行政处罚只能由法律和行政法规设定。

［提示2］行政处罚的设定与具体规定的区别：设定是一种创设，具体规定是下位法对上位法已设定的处罚进行细化。

万能金句

1. 地方性法规可以设定除行政拘留、吊销营业执照以外的行政处罚，规章可以设定警告、通报批评或者一定数额罚款的行政处罚，其他规范性文件不得设定行政处罚。

2. 上位法对违法行为已设定行政处罚的，下位法只能在上位法规定的给予行政处罚的行为、种类和幅度的范围内作出具体规定。

[法条链接]《行政处罚法》第 10 条，第 11 条第 1、2 款，第 12 条第 1、2 款，第 13、14、16 条。

（二）行政许可的设定

许可设定	法　　律	只能中央统一设定：由国家统一确定资格、资质的行政许可，组织的设立登记及其前置性行政许可
	行政法规（包括国务院决定）	
	地方性法规	不得限制外地个人或企业、不得限制外地商品
	省级地方政府规章（1 年临时性行政许可）	
许可规定	在上位法设定的行政许可事项范围内，不得增设行政许可，不得增设违反上位法的其他条件	

[一招制敌] 行政许可的设定只能采用法律、行政法规、国务院决定和地方性法规、省级地方政府规章的形式，其他规范性文件一律不得设定行政许可。尚未制定上位法的，下位法可以设定行政许可；已经制定上位法但没有设定行政许可的，下位法不得设定行政许可。

[注意]：行政许可的规定，是指下位法在上位法设定的行政许可事项范围内，对实施该行政许可作出具体规定。行政许可的规定有三个要求：①在上位法设定的行政许可事项范围内；②不得增设行政许可；③不得增设违反上位法的其他条件。

[万能金句]

1. 地方性法规和省级地方政府规章，不得设定应当由国家统一确定的公民、法人或者其他组织的资格、资质的行政许可，不得设定企业或者其他组织的设立登记及其前置性行政许可。

2. 地方性法规和省级地方政府规章设定的行政许可，不得限制其他地区的个人或者企业到本地区从事生产经营和提供服务，不得限制其他地区的商品进入本地区市场。

3. 部门规章、市级地方政府规章、其他规范性文件不得设定行政许可。

4. 下位法在上位法设定的行政许可事项范围内，对实施该行政许可作出具体规定，不得增设行政许可，不得增设违反上位法的其他条件。

[法条链接]《行政许可法》第 14~17 条。

（三）行政强制措施的设定

行政强制措施的种类		可以设定该行政强制措施的规范性法律文件
限制公民人身自由		法　　律
冻结存款、汇款		
其他强制措施	法律规定的	
	法律规定以外的	行政法规（尚未制定法律）
查封场所、设施或者财物		地方性法规（尚未制定法律、行政法规）
扣押财物		

万能金句
1. 限制公民人身自由和冻结存款、汇款的行政强制措施只能由法律设定。
2. 地方性法规只能设定查封和扣押。
3. 规章和其他规范性文件不得设定行政强制措施。

法条链接《行政强制法》第 10 条。

（四）行政强制执行的设定

行政强制执行由法律设定。

万能金句 行政强制执行只能由法律设定，行政法规、地方性法规、规章和其他规范性文件都不得设定行政强制执行。

法条链接《行政强制法》第 13 条第 1 款。

考点 6　行政处罚的实施

命题角度分析

在案例分析题中，主要考查行政处罚适用的具体要求、行政处罚程序（包括治安管理处罚的特别程序）的具体规则，要求考生对行政处罚程序的合法性进行判断，特别是在程序违法时，能阐述具体理由。案例分析题中一般会这样提问：请对某行政处罚行为的合法性进行分析（程序方面）。某行政处罚行为是否合法？若该行政处罚行为违法，请说明违法之处（程序方面）。某行政机关实施行政处罚的程序有何要求？

（一）执法人员

1. 执法资格

行政处罚应当由具有行政执法资格的执法人员实施。

2. 执法人数

执法人员不得少于 2 人，法律另有规定的除外。

万能金句 行政处罚应当由具有行政执法资格的执法人员实施，执法人员不得少于 2 人。

法条链接《行政处罚法》第 42 条第 1 款。

（二）一事不再罚

一事不再罚是重复罚款之禁止。对当事人的同一个违法行为违反多个法律规范应当给予罚款处罚的，按照罚款数额高的规定处罚，但不得给予 2 次以上罚款的行政处罚。

注意：对同一个违法行为不能给予 2 次以上罚款，但可以进行不同种类的处罚。例如，针对同一个违法行为，可以同时进行罚款和吊销许可证。一事不再罚要与责令改正、限期改正结合起来适用。行政机关要求当事人改正而当事人拒不改正的违法行为就不属于"同一个违法行为"，再次对其罚款不违反一事不再罚。

[万能金句] 对当事人的同一个违法行为，不得给予 2 次以上罚款的行政处罚。同一个违法行为违反多个法律规范应当给予罚款处罚的，按照罚款数额高的规定处罚。

[法条链接]《行政处罚法》第 28 条第 1 款、第 29 条。

（三）陈述、申辩

1. 告知权利

行政机关在作出行政处罚决定之前，应当告知当事人拟作出的行政处罚内容及事实、理由、依据，并告知当事人依法享有的陈述、申辩、要求听证等权利。

2. 听取意见

当事人有权进行陈述和申辩。行政机关必须充分听取当事人的意见。

3. 申辩不得加重处罚

行政机关不得因当事人陈述、申辩而给予更重的处罚。

4. 拒绝听取陈述、申辩不得处罚

行政机关及其执法人员在作出行政处罚决定之前，未依法向当事人告知拟作出的行政处罚内容及事实、理由、依据，或者拒绝听取当事人的陈述、申辩，不得作出行政处罚决定；当事人明确放弃陈述或者申辩权利的除外。

[万能金句] 行政机关在作出行政处罚决定之前，应当告知当事人拟作出的行政处罚内容及事实、理由、依据，并告知当事人依法享有的陈述、申辩、要求听证等权利。当事人有权进行陈述和申辩。行政机关必须充分听取当事人的意见。行政机关不得因当事人陈述、申辩而给予更重的处罚。

[法条链接]《行政处罚法》第 44、45、62 条。

（四）从轻、减轻处罚

为了保障被处罚当事人的正当权益，当事人有下列情形的，应当从轻或者减轻行政处罚：①已满 14 周岁不满 18 周岁的未成年人有违法行为的；②主动消除或者减轻违法行为危害后果的；③受他人胁迫或者诱骗实施违法行为的；④主动供述行政机关尚未掌握的违法行为的；⑤配合行政机关查处违法行为有立功表现的。

尚未完全丧失辨认或者控制自己行为能力的精神病人、智力残疾人有违法行为的，可以从轻或者减轻行政处罚。

[万能金句] 当事人主动消除或者减轻违法行为危害后果的，应当从轻或者减轻行政处罚。

[法条链接]《行政处罚法》第 30~32 条。

（五）不予处罚

1. 不予行政处罚的情形

（1）不满 14 周岁的未成年人有违法行为的；

（2）精神病人、智力残疾人在不能辨认或者不能控制自己行为时有违法行为的；

（3）违法行为轻微并及时改正，没有造成危害后果的；（初次违法且危害后果轻微并及时改正的，可以不予行政处罚）

(4) 违法事实不清、证据不足的；
(5) 当事人有证据足以证明没有主观过错的；（法律、行政法规另有规定的除外）
(6) 超出处罚时效的。

[万能金句] 违法行为轻微并及时改正，没有造成危害后果的，不予行政处罚。初次违法且危害后果轻微并及时改正的，可以不予行政处罚。当事人有证据足以证明没有主观过错的，不予行政处罚。

2. 行政处罚的时效要求

(1) 违法行为在 2 年内未被发现的，不再给予行政处罚。
(2) 涉及公民生命健康安全、金融安全且有危害后果的违法行为在 5 年内未被发现的，不再给予行政处罚。
(3) 法律另有规定的除外。例如，《税收征收管理法》第 86 条规定，违反税收法律、行政法规应当给予行政处罚的行为，在 5 年内未被发现的，不再给予行政处罚。
(4) 2 年和 5 年的期限，从违法行为发生之日起计算；违法行为有连续或者继续状态的，从行为终了之日起计算。

[万能金句] 违法行为在 2 年内未被发现的，不再给予行政处罚。对涉及公民生命健康安全、金融安全且有危害后果的违法行为，在 5 年内未被发现的，不再给予行政处罚。2 年和 5 年的期限，从违法行为发生之日起计算；违法行为有连续或者继续状态的，从行为终了之日起计算。

[法条链接]《行政处罚法》第 30、31 条，第 33 条第 1、2 款，第 36、40 条。

（六）治安管理处罚的适用

不予处罚	(1) 违反治安管理行为在 6 个月内没有被公安机关发现的； (2) 不满 14 周岁的人违反治安管理的； (3) 精神病人在不能辨认或者不能控制自己行为的时候违反治安管理的。
减轻处罚或者不予处罚	(1) 情节特别轻微的； (2) 主动消除或者减轻违法后果，并取得被侵害人谅解的； (3) 出于他人胁迫或者诱骗的； (4) 主动投案，向公安机关如实陈述自己的违法行为的； (5) 有立功表现的。
可从轻、减轻或者不予处罚	盲人或者又聋又哑的人违反治安管理的。
从轻或者减轻处罚	已满 14 周岁不满 18 周岁的人违反治安管理的。
从重处罚	(1) 有较严重后果的； (2) 教唆、胁迫、诱骗他人违反治安管理的； (3) 对报案人、控告人、举报人、证人打击报复的； (4) 6 个月内曾受过治安管理处罚的。

续表

调解与处罚	条　件	因民间纠纷引起的打架斗殴或者损毁他人财物等违反治安管理行为，情节较轻的。
	适用结果	私了：经公安机关调解，当事人达成协议的，不予处罚。 公了：经调解未达成协议或者达成协议后不履行的，公安机关应当依照《治安管理处罚法》的规定对违反治安管理行为人给予处罚，并告知当事人可就民事争议依法向法院提起民事诉讼。

万能金句

1. 违反治安管理行为在 6 个月内没有被公安机关发现的，不再处罚。违反治安管理行为人主动消除或者减轻违法后果，并取得被侵害人谅解的，减轻处罚或者不予处罚。

2. 对于因民间纠纷引起的打架斗殴或者损毁他人财物等违反治安管理行为，情节较轻的，公安机关可以调解处理。经公安机关调解，当事人达成协议的，不予处罚。经调解未达成协议或者达成协议后不履行的，公安机关应当对违反治安管理行为人给予处罚，并告知当事人可以就民事争议提起民事诉讼。

法条链接《治安管理处罚法》第 9、12~14、19、20 条，第 22 条第 1 款。

（七）行政处罚的决定程序

1. 简易程序

适用条件	违法事实确凿并有法定依据，对公民处以 200 元以下、对法人或者其他组织处以 3000 元以下罚款或者警告的行政处罚的。
	法律另有规定的除外。
处罚决定	执法人员可以当场作出行政处罚决定，但应当向当事人出示执法证件，填写预定格式、编有号码的行政处罚决定书。
	行政处罚决定书应当载明：①当事人的违法行为；②行政处罚的种类和依据、罚款数额、时间、地点；③申请行政复议、提起行政诉讼的途径和期限以及行政机关名称。
	行政处罚决定书应当由执法人员签名或者盖章。
送　　达	行政处罚决定书应当当场交付当事人。

万能金句 违法事实确凿并有法定依据，对公民处以 200 元以下、对法人或者其他组织处以 3000 元以下罚款或者警告的，执法人员可以当场作出行政处罚决定，行政处罚决定书由执法人员签名或者盖章，当场交付当事人。

法条链接《行政处罚法》第 51 条，第 52 条第 1、2 款。

2. 普通程序

调查检查	执法人员在调查或者进行检查时，应当主动向当事人或者有关人员出示执法证件。
	询问或者检查应当制作笔录。

续表

调查检查	行政机关在收集证据时，在证据可能灭失或者以后难以取得的情况下，经行政机关负责人批准，可以先行登记保存，并应当在7日内及时作出处理决定。
处罚决定	调查终结，行政机关负责人应当对调查结果进行审查。对情节复杂或者重大违法行为给予行政处罚，行政机关负责人应当集体讨论决定。 作出行政处罚的决定前，需要进行法制审核的情形： （1）涉及重大公共利益的； （2）直接关系当事人或者第三人重大权益，经过听证程序的； （3）案件情况疑难复杂、涉及多个法律关系的； （4）法律、法规规定应当进行法制审核的其他情形。 行政处罚决定书应当载明下列事项： （1）当事人的姓名或者名称、地址； （2）违反法律、法规、规章的事实和证据； （3）行政处罚的种类和依据； （4）行政处罚的履行方式和期限； （5）申请行政复议、提起行政诉讼的途径和期限； （6）作出行政处罚决定的行政机关名称和作出决定的日期。 行政处罚决定书必须盖有作出行政处罚决定的行政机关的印章。 行政机关应当自行政处罚案件立案之日起90日内作出行政处罚决定。法律、法规、规章另有规定，从其规定。
送　达	行政处罚决定书应当在宣告后当场交付当事人。 当事人不在场的，行政机关应当在7日内依照《民事诉讼法》的有关规定，将行政处罚决定书送达当事人。 **注意**：当事人同意并签订确认书的，行政机关可以采用传真、电子邮件等方式，将行政处罚决定书等送达当事人。

万能金句

1. 执法人员在调查或者进行检查时，应当主动出示执法证件。行政机关在收集证据时，在证据可能灭失或者以后难以取得的情况下，经行政机关负责人批准，可以先行登记保存，并应当在7日内及时作出处理决定。

2. 行政机关应当自立案之日起90日内作出行政处罚决定，由行政机关负责人决定。对情节复杂或者重大违法行为给予行政处罚，行政机关负责人应当集体讨论决定。处罚决定书必须盖有处罚决定机关的印章。

3. 行政处罚决定书应当在宣告后当场交付当事人；当事人不在场的，行政机关应当在7日内送达当事人。当事人同意并签订确认书的，行政机关可以采用传真、电子邮件等方式送达当事人。

法条链接《行政处罚法》第55~57条、第58条第1款、第59~61条。

3. 听证程序

听证程序，是指在行政机关作出重大行政处罚决定之前，公开举行专门会议，由行政处罚机关调查人员提出指控、证据和处理建议，当事人进行申辩和质证的程序。

听证范围	（1）较大数额罚款； （2）没收较大数额违法所得、没收较大价值非法财物； （3）降低资质等级、吊销许可证件； （4）责令停产停业、责令关闭、限制从业； （5）其他较重的行政处罚。
听证启动	（1）行政机关应当在作出行政处罚决定前告知当事人有要求听证的权利； （2）当事人在被告知后5日内提出听证要求的，行政机关应当组织听证。
听证通知	行政机关应当在举行听证的7日前，通知当事人及有关人员听证的时间、地点。
听证公开	除涉及国家秘密、商业秘密或者个人隐私依法予以保密外，听证公开举行。
听证主持人	（1）听证由行政机关指定的非本案调查人员主持； （2）当事人认为主持人与本案有直接利害关系的，有权申请回避。
听证当事人	当事人可以亲自参加听证，也可以委托1~2人代理。
听证举行	举行听证时，调查人员提出当事人违法的事实、证据和行政处罚建议，当事人进行申辩和质证。
听证笔录	（1）听证应当制作笔录； （2）笔录应当交当事人或者其代理人核对无误后签字或者盖章； （3）听证结束后，行政机关应当根据听证笔录，依法作出决定。
听证费用	当事人不承担行政机关组织听证的费用。

万能金句

1. 行政机关拟作出较大数额罚款、没收较大数额违法所得、没收较大价值非法财物、降低资质等级、吊销许可证件、责令停产停业、责令关闭、限制从业等行政处罚决定，应当告知当事人有要求听证的权利，当事人要求听证的，行政机关应当组织听证。当事人不承担行政机关组织听证的费用。

2. 行政机关应当在举行听证的7日前，通知当事人及有关人员听证的时间、地点。听证由非本案调查人员主持；当事人认为主持人与本案有直接利害关系的，有权申请回避。

3. 听证应当制作笔录。笔录应当交当事人签字或者盖章。行政机关应当根据听证笔录作出决定。

法条链接《行政处罚法》第63~65条。

（八）治安管理处罚的决定程序

[提示] 治安管理处罚的程序，适用《治安管理处罚法》的规定；《治安管理处罚法》没有规定的，适用《行政处罚法》的有关规定。

1. 调查

（1）传唤

原则上应当使用传唤证传唤，即书面传唤。例外是口头传唤，但适用口头传唤有三个要求：①现场发现违反治安管理的行为人；②警察出示工作证件；③在询问笔录中注明口头传唤。

（2）询问

治安管理处罚中询问查证的时间：一般情形下不得超过 8 小时；特殊情形（可能适用行政拘留处罚）下不得超过 24 小时。

注意：对被侵害人或者其他证人的询问是"通知"其到公安机关，对违反治安管理行为人的询问是"传唤"其到公安机关。

（3）检查

公安机关检查公民住所的三个条件：①警察不得少于 2 人；②警察应当出示工作证件；③警察应当出示县级以上政府公安机关开具的检查证明文件。

另外，检查的情况都应当制作检查笔录。

（4）扣押

扣押的财产必须与案件有关。对被侵害人或者善意第三人合法占有的财产，不得扣押，应予登记。

万能金句

1. 经公安机关办案部门负责人批准，使用传唤证传唤违反治安管理行为人；对现场发现的违反治安管理行为人，警察经出示工作证件，可以口头传唤。传唤后，询问查证的时间不得超过 8 小时；可能适用行政拘留处罚的，询问查证的时间不得超过 24 小时。

2. 公安机关对与违反治安管理行为有关的场所、物品、人身进行检查时，警察不得少于 2 人，并应当出示工作证件和县级以上政府公安机关开具的检查证明文件。

3. 公安机关可以扣押与案件有关的物品；对被侵害人或者善意第三人合法占有的财产，不得扣押，应当予以登记。

法条链接《治安管理处罚法》第 82 条第 1 款、第 83 条第 1 款、第 87 条第 1 款、第 88 条、第 89 条第 1 款。

2. 决定

（1）简易程序与听证程序的适用条件

❶违反治安管理行为事实清楚、证据确凿，处警告或者 200 元以下罚款的，可以适用简易程序，当场作出治安管理处罚决定；

❷吊销许可证及处 2000 元以上的罚款，适用听证程序。

（2）治安管理处罚决定书的送达

❶治安管理处罚决定书无法当场向被处罚人宣告的，应当在 2 日内送达被处罚人；

❷有被侵害人的，还应当将决定书副本抄送被侵害人。

（3）治安案件的期限

❶原则：公安机关自受理之日起不得超过 30 日；

❷例外：案情重大、复杂的，经上一级公安机关批准，可以延长 30 日。

[万能金句]

1. 违反治安管理行为事实清楚，证据确凿，处警告或者 200 元以下罚款的，可以当场作出治安处罚决定。

2. 公安机关作出吊销许可证以及处 2000 元以上罚款的治安处罚决定前，应当告知违反治安管理行为人有权要求举行听证；违反治安管理行为人要求听证的，公安机关应当及时依法举行听证。

3. 公安机关办理治安案件的期限，自受理之日起不得超过 30 日；案情重大、复杂的，经上一级公安机关批准，可以延长 30 日。

4. 公安机关无法当场向被处罚人宣告治安处罚决定书的，应当在 2 日内送达被处罚人；有被侵害人的，公安机关应当将决定书副本抄送被侵害人。

[法条链接]《治安管理处罚法》第 97、98 条，第 99 条第 1 款，第 100 条。

（九）行政罚款的收缴

1. 罚缴分离

原则上，作出罚款决定的行政机关应当与收缴罚款的机构分离，作出行政处罚决定的行政机关及其执法人员不得自行收缴罚款。当事人应当自收到行政处罚决定书之日起 15 日内，到指定的银行或者通过电子支付系统缴纳罚款。银行应当收受罚款，并将罚款直接上缴国库。

2. 当场收缴

执法人员当场收缴罚款是例外。

（1）执法人员可以当场收缴罚款的情形有三种：

❶依法给予 100 元以下罚款的；

❷不当场收缴事后难以执行的；

❸在边远、水上、交通不便地区，当事人到指定的银行或者通过电子支付系统缴纳罚款确有困难，经当事人提出。

［提示］《治安管理处罚法》与《行政处罚法》规定的当场收缴罚款的数额不同：分别是 50 元以下和 100 元以下。

（2）当事人拒绝缴纳罚款

行政机关及其执法人员当场收缴罚款的，必须向当事人出具国务院财政部门或者省、自治区、直辖市政府财政部门统一制发的专用票据；不出具财政部门统一制发的专用票据的，当事人有权拒绝缴纳罚款。

[万能金句]给予 100 元以下罚款（或 50 元以下治安罚款），不当场收缴事后难以执行的罚款，在边远、水上、交通不便地区经当事人提出的，执法人员可以当场收缴罚款。执法人员不出具财政部门统一制发的专用票据的，当事人有权拒绝缴纳罚款。

[法条链接]《行政处罚法》第 67~70 条；《治安管理处罚法》第 104 条。

考点 7 ▶ 行政许可的实施

命题角度分析

在案例分析题中，主要考查行政许可的决定程序、监督管理以及费用，考查考生对行政许可程序合法性的判断，以及行政许可的监督管理中适用吊销、撤销、撤回、注销的区别。案例分析题中一般会这样提问：请对某行政许可行为的合法性进行分析（程序方面）。某行政许可行为是否合法？若该行政许可行为违法，请说明违法之处（程序方面）。某行政机关实施行政许可的程序有何要求？

（一）行政许可的决定程序

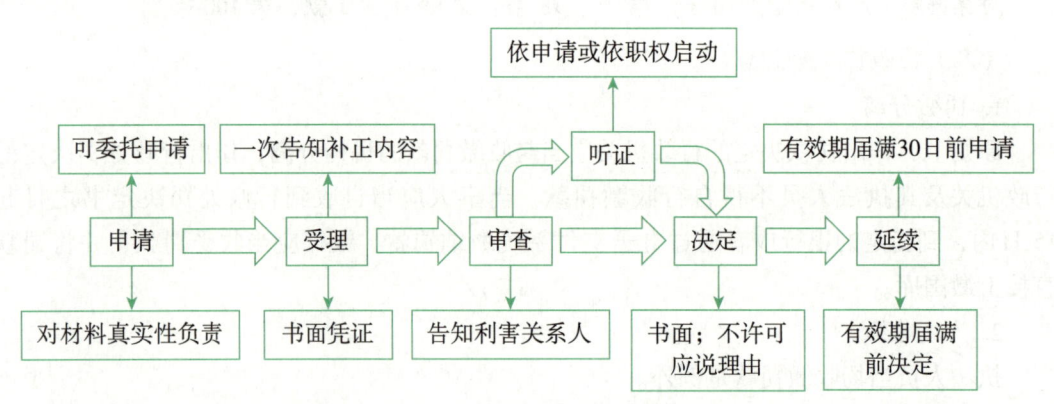

```
                            依申请或依职权启动
                                    ↓
可委托申请    一次告知补正内容      听证         有效期届满30日前申请
    ↓            ↓                 ↓                   ↓
  申请    →    受理    →         审查    →    决定    →    延续
    ↓            ↓                 ↓           ↓              ↓
对材料真实性负责  书面凭证    告知利害关系人   书面；不许可   有效期届满
                                             应说理由       前决定
```

1. 申请

（1）原则上行政许可应当书面申请，并且应当到行政机关办公场所提出申请；但从便民的角度出发，行政许可申请可以通过信函、电报、电传、传真、电子数据交换和电子邮件等方式提出，也可以委托代理人提出。

（2）申请人在申请行政许可时的义务——对申请材料实质内容的真实性负责。

注意：提供虚假材料申请行政许可的法律后果：①行政机关不予受理或者不予行政许可，并给予警告；行政许可申请属于直接关系公共安全、人身健康、生命财产安全事项的，申请人在 1 年内不得再次申请该行政许可。②取得行政许可的，行政机关撤销行政许可；取得的行政许可属于直接关系公共安全、人身健康、生命财产安全事项的，申请人在 3 年内不得再次申请该行政许可。

万能金句 行政许可申请可以通过信函、电报、电传、传真、电子数据交换和电子邮件等方式提出。申请人提供虚假材料申请直接关系公共安全、人身健康、生命财产安全事项的行政许可的，行政机关不予受理或者不予行政许可，申请人在 1 年内不得再次申请该行政许可；申请人取得行政许可的，行政机关撤销该行政许可，申请人在 3 年内不得再次申请该行政许可。

法条链接《行政许可法》第 29 条，第 31 条第 1 款，第 78、79 条。

2. 受理

受理属于形式审查。

（1）申请材料存在可以当场更正的错误的，应当允许申请人当场更正；

（2）申请材料不齐全或者不符合法定形式的，应当当场或者在 5 日内一次告知申请人需要补正的全部内容，逾期不告知的，自收到申请材料之日起即为受理；

（3）行政机关受理或者不予受理行政许可申请，应当出具加盖本行政机关专用印章和注明日期的书面凭证。

万能金句 行政许可申请材料不齐全的，行政机关应当当场或者在 5 日内一次告知申请人需要补正的全部内容，逾期不告知的，自收到申请材料之日起即为受理。行政机关受理或者不予受理行政许可申请，应当出具加盖本行政机关专用印章和注明日期的书面凭证。

法条链接《行政许可法》第 32 条。

3. 审查

审查属于实质审查，区别于受理的形式审查。

（1）根据法定条件和程序，需要对申请材料的实质内容进行核实的，行政机关应当指派 2 名以上工作人员进行核查。

（2）依法应当先经下级行政机关审查后报上级行政机关决定的行政许可，下级行政机关应当在法定期限内将初步审查意见和全部申请材料直接报送上级行政机关。上级行政机关不得要求申请人重复提供申请材料。

（3）依法应当先经下级行政机关审查后报上级行政机关决定的行政许可，下级行政机关应当自其受理行政许可申请之日起 20 日内审查完毕。但是，法律、法规另有规定的除外。

（4）行政许可事项直接关系他人重大利益的，行政机关应当告知该利害关系人，并听取其意见。

万能金句 行政机关应当指派 2 名以上工作人员对申请材料的实质内容进行核查。行政机关对行政许可申请进行审查时，发现行政许可事项直接关系他人重大利益的，应当告知该利害关系人。利害关系人有权进行陈述和申辩。行政机关应当听取利害关系人的意见。

法条链接《行政许可法》第 34 条第 3 款，第 35、36、43 条。

4. 听证

听证是审查中的特殊程序。行政许可的听证程序与行政处罚的听证程序的基本规则是相同的，但存在两点不同：

（1）听证程序的启动不同。

❶行政处罚的听证程序是依申请启动。

❷行政许可的听证程序有两种启动方式：a. 行政机关根据申请人或者利害关系人的申请组织听证；b. 行政机关依职权主动举行听证。

❶注意：行政机关依职权主动举行听证的两种情形：①法律、法规、规章规定实施行政许可应当听证的事项；②行政机关认为需要听证的其他涉及公共利益的重大行政许可事项。

（2）依申请组织听证时，行政机关组织听证的时间不同。

❶《行政处罚法》没有规定行政机关收到申请后组织听证的时间；

❷《行政许可法》规定行政机关收到申请后20日内组织听证。

> [万能金句]

1. 法律、法规、规章规定实施行政许可应当听证的事项，或者行政机关认为需要听证的其他涉及公共利益的重大行政许可事项，行政机关应当向社会公告，并举行听证。

2. 行政许可直接涉及申请人与他人之间重大利益关系的，行政机关在作出行政许可决定前，应当告知申请人、利害关系人享有要求听证的权利；申请人、利害关系人在被告知听证权利之日起5日内提出听证申请的，行政机关应当在20日内组织听证。

> [法条链接]《行政许可法》第46条、第47条第1款。

5. 决定

（1）决定期限

❶能够当场作出决定的，行政机关应当当场作出书面的行政许可决定。

❷一般情况下，行政机关应当自受理行政许可申请之日起20日内作出行政许可决定；20日内不能作出决定的，经本行政机关负责人批准，可以延长10日，并应当将延长期限的理由告知申请人。法律、法规另有规定的除外。

❸行政许可采取统一办理或者联合办理、集中办理的，办理的时间不得超过45日；45日内不能办结的，经本级政府负责人批准，可以延长15日，并应当将延长期限的理由告知申请人。

（2）决定的形式

准予行政许可和不予行政许可的决定都应采取书面形式。行政机关依法作出不予行政许可的书面决定的，应当说明理由。行政机关作出的准予行政许可决定，应当予以公开，公众有权查阅。

> [万能金句]

1. 行政许可的决定期限：①当场作出行政许可决定。②自受理行政许可申请之日起20日内作出行政许可决定；经本行政机关负责人批准，可以延长10日。③统一办理或者联合办理、集中办理的行政许可，办理的时间不得超过45日；经本级政府负责人批准，可以延长15日。

2. 行政机关应当以书面形式作出准予行政许可决定，并予以公开。行政机关依法作出不予行政许可的书面决定的，应当说明理由。

> [法条链接]《行政许可法》第34条第2款，第38、40、42条。

6. 延续

（1）被许可人需要延续依法取得的行政许可的有效期的，应当在该行政许可有效期届满30日前向作出行政许可决定的行政机关提出申请。法律、法规、规章另有规定的除外。

（2）行政机关应当根据被许可人的申请，在该行政许可有效期届满前作出是否准予延续的决定；逾期未作决定的，视为准予延续。

> [万能金句] 被许可人需要延续行政许可的有效期的，应当在该行政许可有效期届满30日前向作出行政许可决定的行政机关提出申请。行政机关应当在该行政许可有效期届满前作出是否

准予延续的决定；逾期未作决定的，视为准予延续。

[法条链接]《行政许可法》第50条。

（二）行政许可的监督管理

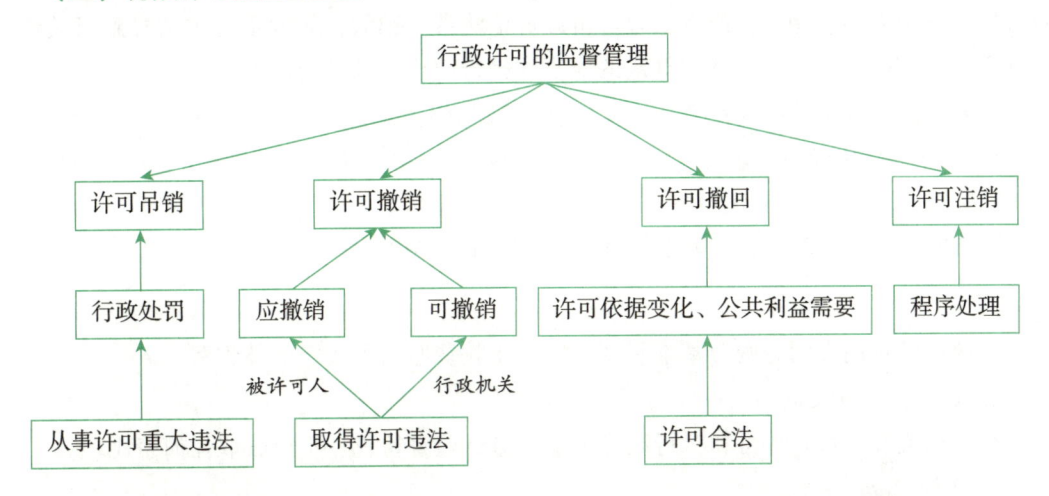

```
                    行政许可的监督管理
         ┌──────────┬──────────┬──────────┐
       许可吊销   许可撤销   许可撤回   许可注销
         ↑       ↑     ↑       ↑          ↑
       行政处罚  应撤销 可撤销  许可依据变化、公共利益需要  程序处理
              被许可人  行政机关
       从事许可重大违法  取得许可违法  许可合法
```

1. 行政许可的吊销

行政许可吊销的前提是被许可人从事行政许可有重大违法行为。吊销行政许可是对被许可人的一种行政处罚。

[例] 1年内2次酒后驾车的，一律吊销驾驶证。

2. 行政许可的撤销

撤销是行政许可决定机关或其上级行政机关，根据利害关系人的请求或依据职权，使违法取得的行政许可丧失效力的处理。违法取得的行政许可有两种情况：

（1）可撤销的行政许可

❶行政机关工作人员滥用职权、玩忽职守作出的准予行政许可决定；

❷超越法定职权作出的准予行政许可决定；

❸违反法定程序作出的准予行政许可决定；

❹对不具备申请资格或者不符合法定条件的申请人作出的准予行政许可决定。

（2）应撤销的行政许可：被许可人以欺骗、贿赂等不正当手段取得的行政许可。

❗注意：符合可撤销、应撤销的条件，但撤销行政许可可能对公共利益造成重大损害的，不予撤销。

3. 行政许可的撤回

行政许可撤回的前提是行政许可合法。撤回行政许可有两个条件：

（1）行政许可所依据的法律、法规、规章修改或者废止，或者准予行政许可所依据的客观情况发生重大变化；

（2）公共利益的需要。

4. 行政许可的注销

注销是对不能继续实施的行政许可进行的程序处理，不涉及被许可人的实体权利。

[例] 律师发生交通事故成为植物人，其律师执业许可予以注销。

行政许可的注销涉及六种情形：①行政许可有效期届满未延续的；②赋予公民特定资格的行政许可，该公民死亡或者丧失行为能力的；③法人或者其他组织依法终止的；④行政许可依法被撤销、撤回，或者行政许可证件依法被吊销的；⑤因不可抗力导致行政许可事项无法实施的；⑥法律、法规规定的应当注销行政许可的其他情形。

[万能金句] 可撤销的行政许可被撤销，导致被许可人的合法权益受到损害的，行政机关应予赔偿；应撤销的行政许可被撤销的，被许可人基于行政许可取得的利益不受保护。行政许可的撤回给公民、法人或者其他组织造成财产损失的，行政机关应予补偿。

[法条链接]《行政许可法》第8条第2款，第69、70条。

（三）行政许可的费用

行政许可费用方面有两个基本制度，即禁止收费原则和法定例外收费。

1. 原则上不得收费

行政机关实施行政许可和对行政许可事项进行监督检查，不得收取任何费用。

2. 例外收费

行政机关实施行政许可收取费用的，必须以法律和行政法规的规定为依据，并且应当遵守以下要求：①按照公布的法定项目和标准收费；②所收取的费用必须全部上缴国库；③财政部门不得以任何形式向行政机关返还或者变相返还实施行政许可所收取的费用。

[注意]：行政机关提供行政许可申请书格式文本，不得收费，没有例外。

[万能金句] 行政机关实施行政许可和对行政许可事项进行监督检查，不得收取任何费用。法律、行政法规另有规定的除外。行政机关提供行政许可申请书格式文本，不得收费。

[法条链接]《行政许可法》第58条第1、2款，第59条。

考点 8 ▶▶ 行政强制措施的实施

命题角度分析

在案例分析题中，主要考查行政强制措施的程序（尤其是查封、扣押的特别程序）的具体规则，要求考生对行政强制措施程序的合法性进行判断，特别是在程序违法时，能阐述具体理由。案例分析题中一般会这样提问：请对某行政强制措施行为的合法性进行分析（程序方面）。某行政强制措施行为是否合法？若该行政强制措施行为违法，请说明违法之处（程序方面）。某行政机关实施行政强制措施的程序有何要求？

（一）行政强制措施的一般程序

报告批准	一般情况：实施前须向行政机关负责人报告并经批准。
	情况紧急：当场实施行政强制措施的，行政执法人员应当在24小时内向行政机关负责人报告，并补办批准手续。

续表

执法人员	2名以上具备资格的行政执法人员,出示执法身份证件。
当事人	(1) 通知当事人到场; (2) 当场告知当事人采取行政强制措施的理由、依据以及当事人依法享有的权利、救济途径; (3) 听取当事人的陈述和申辩。
现场笔录	当事人到场:当事人和行政执法人员签名或者盖章,当事人拒绝的,在笔录中予以注明。
	当事人不到场:邀请见证人到场,由见证人和行政执法人员在现场笔录上签名或者盖章。

万能金句

1. 行政机关实施行政强制措施应当由2名以上具备资格的行政执法人员实施,出示执法身份证件。实施前须向行政机关负责人报告并经批准;情况紧急,需要当场实施行政强制措施的,行政执法人员应当在24小时内向行政机关负责人报告,并补办批准手续。

2. 行政机关实施行政强制措施应当通知当事人到场,当场告知当事人采取行政强制措施的理由、依据以及当事人依法享有的权利、救济途径,听取当事人的陈述和申辩。

3. 行政机关实施行政强制措施应当制作现场笔录,现场笔录由当事人和行政执法人员签名或者盖章;当事人不到场的,由见证人和行政执法人员在现场笔录上签名或者盖章。

[法条链接]《行政强制法》第18、19条。

(二)查封、扣押的特别程序

在遵循一般程序要求的基础上,查封、扣押还应当遵循特别的程序要求。

1. 形式

行政机关决定实施查封、扣押的,要有两个文书——查封、扣押决定书和查封、扣押清单。具体要求是:

(1) 行政机关应当制作并当场交付查封、扣押决定书和清单。

(2) 查封、扣押决定书应当载明的事项:①当事人的姓名或者名称、地址;②查封、扣押的理由、依据和期限;③查封、扣押场所、设施或者财物的名称、数量等;④申请行政复议或者提起行政诉讼的途径和期限;⑤行政机关的名称、印章和日期。

(3) 查封、扣押清单一式二份,由当事人和行政机关分别保存。

2. 期限

(1) 查封、扣押的期限不得超过30日。法律、行政法规另有规定的除外。

(2) 情况复杂的,经行政机关负责人批准,可以延长,但是延长期限不得超过30日。法律、行政法规另有规定的除外。延长查封、扣押的决定应当及时书面告知当事人,并说明理由。

3. 费用

查封、扣押还涉及两项费用:①因查封、扣押发生的保管费用;②查封、扣押之后对被查封、扣押的物品进行检测、检验、检疫或者技术鉴定的费用。这两项费用都是由行政机关承担。

> **万能金句**

1. 行政机关决定实施查封、扣押的，应当制作并当场交付查封、扣押决定书和清单。查封、扣押清单一式二份，由当事人和行政机关分别保存。

2. 查封、扣押的期限不得超过30日；情况复杂的，经行政机关负责人批准，可以延长，但是延长期限不得超过30日。

3. 因查封、扣押发生的保管费用由行政机关承担，检测、检验、检疫或者技术鉴定的费用由行政机关承担。

> **法条链接**《行政强制法》第24、25条，第26条第3款。

考点9 行政强制执行的实施

> **命题角度分析**
>
> 在案例分析题中，主要考查行政机关强制执行程序和行政机关申请法院强制执行程序的具体规则，要求考生对行政机关强制执行程序（包括金钱给付义务执行程序和代履行程序）的合法性进行判断，掌握行政机关申请法院强制执行的适用条件和实施步骤。案例分析题中一般会这样提问：请对某行政强制执行行为的合法性进行分析（程序方面）。某行政强制执行行为是否合法？若该行政强制执行行为违法，请说明违法之处（程序方面）。某行政机关实施行政强制执行的程序有何要求？某行政机关申请法院强制执行的程序有何要求？

（一）行政机关强制执行程序

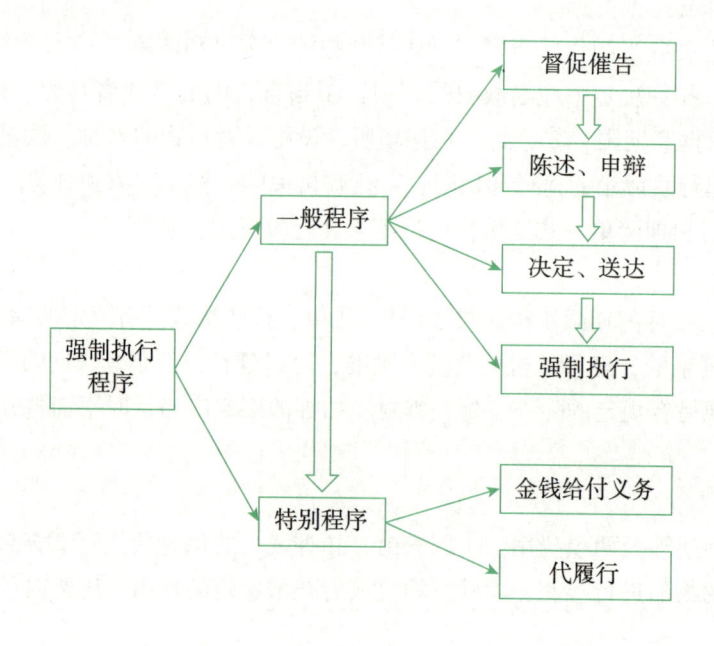

```
                          ┌─── 督促催告
                          │
                          │
                          ├─── 陈述、申辩
            ┌─ 一般程序 ──┤
            │             │
            │             ├─── 决定、送达
强制执行 ───┤             │
 程序       │             └─── 强制执行
            │
            │             ┌─── 金钱给付义务
            └─ 特别程序 ──┤
                          └─── 代履行
```

1. 一般程序

（1）督促催告

❶行政机关作出强制执行决定前，应当事先催告当事人履行义务。

❷催告应当以书面形式作出，并载明下列事项：a. 履行义务的期限；b. 履行义务的方式；c. 涉及金钱给付的，应当有明确的金额和给付方式；d. 当事人依法享有的陈述权和申辩权。

（2）陈述与申辩

❶当事人收到催告书后有权进行陈述和申辩；

❷行政机关应当充分听取当事人的意见。

（3）作出强制执行决定与送达

❶经催告，当事人逾期仍不履行行政决定，且无正当理由的，行政机关可以作出强制执行决定。

❷强制执行决定应当以书面形式作出，并载明下列事项：a. 当事人的姓名或者名称、地址；b. 强制执行的理由和依据；c. 强制执行的方式和时间；d. 申请行政复议或者提起行政诉讼的途径和期限；e. 行政机关的名称、印章和日期。

❸催告书、行政强制执行决定书应当直接送达当事人。

（4）采取强制执行措施

❶行政机关不得在夜间或者法定节假日实施行政强制执行。但是，情况紧急的除外。

❷行政机关不得对居民生活采取停止供水、供电、供热、供燃气等方式迫使当事人履行相关行政决定。

万能金句

1. 行政机关作出强制执行决定前，应当以书面形式事先催告当事人履行义务。当事人收到催告书后有权进行陈述和申辩。行政机关应当充分听取当事人的意见。经催告，当事人逾期仍不履行行政决定，且无正当理由的，行政机关以书面形式作出行政强制执行决定书，直接送达当事人。

2. 行政机关不得在夜间或者法定节假日实施行政强制执行。但是，情况紧急的除外。行政机关不得对居民生活采取停止供水、供电、供热、供燃气等方式迫使当事人履行相关行政决定。

法条链接《行政强制法》第35、36条，第37条第1、2款，第38、43条。

2. 金钱给付义务的行政强制执行

（1）间接强制执行

❶加处罚款或者滞纳金的标准应当告知当事人；

❷加处罚款或者滞纳金的数额不得超出金钱给付义务的数额。

（2）直接强制执行

行政机关依法实施加处罚款或者滞纳金超过30日，经催告当事人仍不履行的，具有行政强制执行权的行政机关可以强制执行，没有行政强制执行权的行政机关应当申请法院强制执行。

万能金句 金钱给付义务的间接执行优先于直接执行，只有在滞纳金或执行罚难以实现金钱给付义务时，才能采取划拨和拍卖的执行方式。

法条链接 《行政强制法》第45条，第46条第1、3款。

3. 代履行

（1）代履行的一般程序

❶代履行前送达决定书，代履行决定书应当载明当事人的姓名或者名称、地址、代履行的理由和依据、方式和时间、标的、费用预算以及代履行人。

❷催告履行。代履行3日前，催告当事人履行，当事人履行的，停止代履行。

❸代履行时，作出决定的行政机关应当派员到场监督。代履行完毕，行政机关到场监督的工作人员、代履行人和当事人或者见证人应当在执行文书上签名或者盖章。

（2）立即代履行程序

❶需要立即清除道路、河道、航道或者公共场所的遗洒物、障碍物或者污染物，当事人不能清除的，行政机关可以决定立即实施代履行；

❷当事人不在场的，行政机关应当在事后立即通知当事人。

万能金句 一般代履行应事前送达代履行决定书并催告，但立即代履行可事后通知当事人。

法条链接 《行政强制法》第51条第1款、第52条。

（二）行政机关申请法院强制执行程序

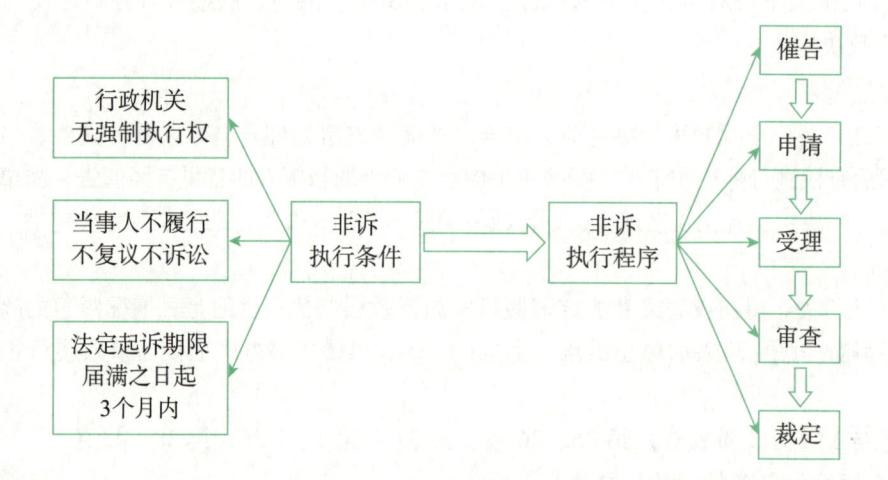

行政机关申请法院强制执行是非诉行政案件执行，不同于行政诉讼裁判案件执行，前者简称"非诉执行"，后者简称"诉讼执行"。

1. 适用条件

（1）行政机关无强制执行权。法律明确授予行政机关自行强制执行权的，作出行政决定的行政机关不能申请法院强制执行。

（2）当事人不申请行政复议、不提起行政诉讼、不履行行政决定。

（3）申请期限为自当事人的法定起诉期限届满之日起3个月内。

[提示] 公民、法人或者其他组织未按照行政协议约定履行义务，经催告后不履行，行政机关可以作出要求其履行协议的书面决定。仍不履行的，行政机关可以将书面决定作为执行对象，申请法院强制执行。

[万能金句] 当事人在法定期限内不申请行政复议或者提起行政诉讼，又不履行行政决定的，没有行政强制执行权的行政机关可以自当事人的法定起诉期限届满之日起3个月内，申请法院强制执行。

[法条链接]《行政强制法》第53条；《行诉解释》第156条；《行政协议案件规定》第24条第1款。

2. 行政机关提出申请

（1）催告

❶行政机关申请法院强制执行前，应当催告当事人履行义务；

❷催告书送达10日后当事人仍未履行义务的，行政机关可以申请法院强制执行。

（2）管辖法院

❶行政机关所在地的基层法院；

❷执行对象是不动产的，为不动产所在地的基层法院。

[万能金句] 行政机关申请法院强制执行前，应当催告当事人履行义务。催告书送达10日后当事人仍未履行义务的，行政机关可以向所在地有管辖权的法院申请强制执行；执行对象是不动产的，向不动产所在地有管辖权的法院申请强制执行。

[法条链接]《行政强制法》第54条；《行诉解释》第157条第1款。

3. 法院的受理

（1）法院接到行政机关强制执行的申请，应当在5日内受理；

（2）行政机关对法院不予受理的裁定有异议的，可以在15日内向上一级法院申请复议，上一级法院应当自收到复议申请之日起15日内作出是否受理的裁定。

[万能金句] 法院接到行政机关强制执行的申请，应当在5日内受理。行政机关对法院不予受理的裁定有异议的，可以在15日内向上一级法院申请复议，上一级法院应当自收到复议申请之日起15日内作出是否受理的裁定。

[法条链接]《行政强制法》第56条。

4. 法院的审理裁定

（1）一般情况

❶书面审查，即通过审阅书面材料的方式进行审查；

❷审查期限为7日，即法院应当自受理之日起7日内作出是否执行的裁定。

（2）特殊情况

行政决定的实施主体不具有行政主体资格，明显缺乏事实根据的，明显缺乏法律、法规依据的，以及其他明显违法并损害被执行人合法权益的：

❶在作出裁定前可以听取被执行人和行政机关的意见；

❷审查期限为30日，即法院应当自受理之日起30日内作出是否执行的裁定。

万能金句

1. 法院对行政机关强制执行的申请进行书面审查，应当自受理之日起 7 日内作出是否执行的裁定。

2. 法院发现申请执行的行政决定明显重大违法的，在作出裁定前可以听取被执行人和行政机关的意见，并自受理之日起 30 日内作出是否执行的裁定。裁定不予执行的，应当说明理由。行政机关对法院不予执行的裁定有异议的，可以自收到裁定之日起 15 日内向上一级法院申请复议，上一级法院应当自收到复议申请之日起 30 日内作出是否执行的裁定。

法条链接《行政强制法》第 57、58 条。

5. 执行费用

（1）行政机关申请法院强制执行，不缴纳申请费；

（2）强制执行的费用由被执行人承担。

万能金句 行政机关申请法院强制执行，不缴纳申请费。强制执行的费用由被执行人承担。

法条链接《行政强制法》第 60 条第 1 款。

考点 10 行政公开的实施

命题角度分析

在案例分析题中，主要考查行政机关依申请公开的程序规则，考查行政公开如何进行监督、对频繁申请信息公开和申请更正政府信息的行为如何进行处理。案例分析题中一般会这样提问：请对某政府信息公开行为的合法性进行分析。某政府信息公开行为是否合法（程序方面）？若该政府信息公开行为违法，请说明违法之处（程序方面）。某行政机关公开政府信息的程序有何要求？

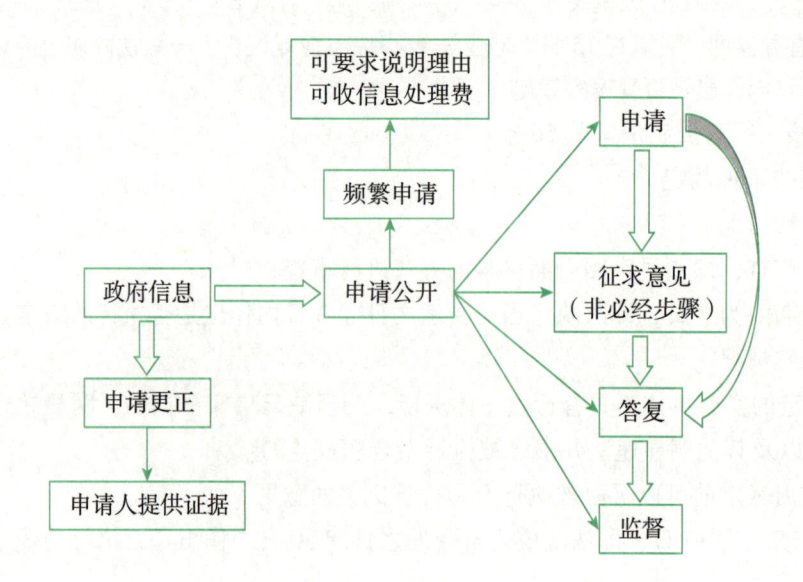

```
                        可要求说明理由
                        可收信息处理费
                              ↑
                         频繁申请
                              ↑                    申请
                              |                      ↓
   政府信息 ──→ 申请公开 ──→ 征求意见
                    |         （非必经步骤）
                    ↓              ↓
                 申请更正         答复
                    ↓              ↓
              申请人提供证据      监督
```

（一）申请

1. 申请要求

（1）政府信息公开申请应当采用包括信件、数据电文在内的书面形式；采用书面形式确有困难的，申请人可以口头提出。

（2）政府信息公开申请应当包括：①申请人的姓名或者名称、身份证明、联系方式；②申请公开的政府信息的名称、文号或者便于行政机关查询的其他特征性描述；③申请公开的政府信息的形式要求，包括获取信息的方式、途径。

2. 一次性告知补正

政府信息公开申请内容不明确的，行政机关应当给予指导和释明，并自收到申请之日起7个工作日内一次性告知申请人作出补正，说明需要补正的事项和合理的补正期限。

3. 收到申请时间的确定

行政机关收到政府信息公开申请的时间有四种情况：

（1）申请人当面提交政府信息公开申请的，以提交之日为收到申请之日；

（2）申请人以需签收的邮寄方式提交政府信息公开申请的，以行政机关签收之日为收到申请之日；

（3）申请人以无需签收的邮寄方式提交政府信息公开申请的，以政府信息公开工作机构与申请人确认之日为收到申请之日；

（4）申请人通过互联网渠道或者政府信息公开工作机构的传真提交政府信息公开申请的，以双方确认之日为收到申请之日。

万能金句

1. 公民、法人或者其他组织申请获取政府信息的，应当采用包括信件、数据电文在内的书面形式；采用书面形式确有困难的，申请人可以口头提出。申请人应当提供身份证明。

2. 政府信息公开申请内容不明确的，行政机关应当给予指导和释明，并自收到申请之日起7个工作日内一次性告知申请人作出补正。

3. 申请人通过互联网渠道或者政府信息公开工作机构的传真提交政府信息公开申请的，以双方确认之日为收到申请之日。

法条链接《政府信息公开条例》第29~31条。

（二）征求意见

依申请公开的政府信息公开会损害第三方合法权益的，行政机关应当书面征求第三方的意见。第三方应当自收到征求意见书之日起15个工作日内提出意见。第三方逾期未提出意见的，由行政机关依法决定是否公开。第三方不同意公开且有合理理由的，行政机关不予公开。行政机关认为不公开可能对公共利益造成重大影响的，可以决定予以公开，并将决定公开的政府信息内容和理由书面告知第三方。

万能金句 依申请公开的政府信息公开会损害第三方合法权益的，行政机关应当书面征求第三方的意见。第三方不同意公开且有合理理由的，行政机关不予公开。行政机关认为不公开可能对公共利益造成重大影响的，可以决定予以公开，并将决定公开的政府信息内容和理由书面告知第三方。

[法条链接]《政府信息公开条例》第 32 条。

（三）答复

1. 答复种类

（1）所申请公开信息可以公开的，向申请人提供该政府信息，或者告知申请人获取该政府信息的方式、途径和时间。

（2）行政机关依法决定不予公开的，告知申请人不予公开并说明理由。

（3）经检索没有所申请公开信息的，告知申请人该政府信息不存在。

（4）所申请公开信息不属于本行政机关负责公开的，告知申请人并说明理由；能够确定负责公开该政府信息的行政机关的，告知申请人该行政机关的名称、联系方式。

（5）申请公开的信息中含有不应当公开或者不属于政府信息的内容，但是能够作区分处理的，行政机关应当向申请人提供可以公开的政府信息内容，并对不予公开的内容说明理由。

[万能金句] 行政机关依法决定不予公开的，告知申请人不予公开并说明理由。申请公开的信息中含有不应当公开的内容，但是能够作区分处理的，行政机关应当向申请人提供可以公开的政府信息内容，并对不予公开的内容说明理由。

2. 答复期限

行政机关收到政府信息公开申请，能够当场答复的，应当当场予以答复；不能当场答复的，应当自收到申请之日起 20 个工作日内予以答复。

[注意]：需要延长答复期限的，应当经政府信息公开工作机构负责人同意并告知申请人，延长的期限最长不得超过 20 个工作日。

[万能金句] 行政机关收到政府信息公开申请，不能当场答复的，应当自收到申请之日起 20 个工作日内予以答复。

3. 答复形式

行政机关依申请公开政府信息，应当根据申请人的要求及行政机关保存政府信息的实际情况，确定提供政府信息的具体形式。

[万能金句] 行政机关按照申请人要求的形式提供政府信息，可能危及政府信息载体安全或者公开成本过高的，可以通过电子数据以及其他适当形式提供，或者安排申请人查阅、抄录相关政府信息。

[法条链接]《政府信息公开条例》第 33 条第 1、2 款，第 36 条第 2~5 项，第 37、40 条。

（四）监督

政府信息公开工作主管部门对行政机关未按照要求开展政府信息公开工作的，予以督促整改或者通报批评。

公民、法人或者其他组织认为行政机关未按照要求主动公开政府信息或者对政府信息公开申请不依法答复处理的，可以向政府信息公开工作主管部门提出。政府信息公开工作主管部门查证属实的，应当予以督促整改或者通报批评。

[万能金句] 公民、法人或者其他组织认为行政机关在政府信息公开工作中侵犯其合法权益的，可以向上一级行政机关或者政府信息公开工作主管部门投诉、举报，也可以依法申请行政复议或者提起行政诉讼。

[法条链接]《政府信息公开条例》第 47、51 条。

（五）特殊申请处理

1. 频繁申请（申请公开政府信息的数量、频次明显超过合理范围）的处理

（1）行政机关可以要求申请人说明理由；

（2）行政机关认为申请理由不合理的，告知申请人不予处理；

（3）行政机关认为申请理由合理，但是无法在规定的期限内答复申请人的，可以确定延迟答复的合理期限并告知申请人；

（4）行政机关可以收取信息处理费。

[万能金句] 申请人申请公开政府信息的数量、频次明显超过合理范围的，行政机关可以要求申请人说明理由，并可以收取信息处理费。

2. 申请更改政府信息的处理

（1）公民、法人或者其他组织有证据证明行政机关提供的与其自身相关的政府信息记录不准确的，可以要求行政机关更正。

（2）有权更正的行政机关审核属实的，应当予以更正并告知申请人；不属于本行政机关职能范围的，行政机关可以转送有权更正的行政机关处理并告知申请人，或者告知申请人向有权更正的行政机关提出。

[万能金句] 公民、法人或者其他组织有证据证明行政机关提供的与其自身相关的政府信息记录不准确的，可以要求行政机关更正。有权更正的行政机关审核属实的，应当予以更正并告知申请人；无权更正的行政机关可以转送有权更正的行政机关处理并告知申请人，或者告知申请人向有权更正的行政机关提出。

[法条链接]《政府信息公开条例》第 35、41 条，第 42 条第 1 款。

专题 3　具体行政行为的主体与行政救济的主体

具体行政行为的主体包括具体行政行为的相对人和利害关系人、作出具体行政行为的行政主体；而行政救济的主体包括行政复议中的申请人、被申请人、第三人，行政诉讼中的原告、被告、第三人，行政赔偿中的赔偿请求人、赔偿义务机关。具体行政行为的相对人和利害关系人是行政复议中的申请人和第三人、行政诉讼中的原告和第三人、行政赔偿中的赔偿请求人；而作出具体行政行为的行政主体则是行政复议中的被申请人、行政诉讼中的被告、行政赔偿中的赔偿义务机关。

考点 11　行政复议中的申请人与第三人

命题角度分析

> 在案例分析题中，主要考查如何确定行政复议申请人与第三人，以及行政复议申请人与第三人在行政复议中的法律地位。案例分析题中一般会这样提问：如何确定本案的行政复议申请人？如何确定本案的行政复议第三人？某公民或某组织能否申请行政复议？某公民或某组织能否作为行政复议第三人参加复议？如何确定行政复议申请人代表？

（一）行政复议申请人

复议申请人	申请行政复议的公民、法人或者其他组织。
委托代理人	申请人可以委托 1~2 名律师、基层法律服务工作者或者其他代理人代为参加行政复议。
	申请人委托代理人的，应当向行政复议机构提交授权委托书、委托人及被委托人的身份证明文件。授权委托书应当载明委托事项、权限和期限。
	公民在特殊情况下无法书面委托的，可以口头委托。口头委托的，行政复议机构应当核实并记录在卷。
	申请人解除或者变更委托的，应当书面报告行政复议机构。
众多申请人的代表	同一行政复议案件申请人超过 5 人的，推选 1~5 名代表参加行政复议。
	代表人参加行政复议的行为对其所代表的申请人发生效力，但是代表人变更行政复议请求、撤回行政复议申请、承认第三人请求的，应当经被代表的申请人同意。
资格转移	公民死亡引起的申请权转移，由其近亲属承受。
	法人或者其他组织终止引起的申请权转移，由承受其权利义务的法人或者其他组织承受。

万能金句 同一行政复议案件申请人超过 5 人的，推选 1~5 名代表参加行政复议。代表人参加行政复议的行为对其所代表的申请人发生效力，但是代表人变更行政复议请求、撤回行政复议申请、承认第三人请求的，应当经被代表的申请人同意。

法条链接《行政复议法》第 14 条第 1、2 款，第 15、17 条；《行政复议法实施条例》第 8、10 条。

（二）行政复议第三人

1. 行政复议期间，行政复议机构认为申请人以外的公民、法人或者其他组织同被申请行政复议的行政行为或者行政复议案件处理结果有利害关系的，可以通知其作为第三人参加行政复议。

2. 申请人以外的公民、法人或者其他组织同被申请行政复议的行政行为或者行政复议案件处理结果有利害关系的，可以作为第三人向行政复议机构申请参加行政复议。

3. 第三人可以委托 1~2 名代理人代为参加行政复议，委托的要求与申请人相同。

4. 第三人不参加行政复议，不影响行政复议案件的审理。

万能金句 申请人以外的同被申请行政复议的行政行为或者行政复议案件处理结果有利害关系的公民、法人或者其他组织，可以作为第三人申请参加行政复议，或者由行政复议机构通知其作为第三人参加行政复议。第三人不参加行政复议，不影响行政复议案件的审理。

法条链接《行政复议法》第 16、17 条。

考点 12　行政诉讼中的原告与第三人

命题角度分析

在案例分析题中，主要考查行政诉讼原告资格的确定和转移，具体分析案例中的原告属于具有哪一种利害关系的行政诉讼原告，考查行政诉讼第三人资格的判断及其法律地位。案例分析题中一般会这样提问：如何确定本案的行政诉讼原告？如何确定本案的行政诉讼第三人？某公民或某组织能否提起行政诉讼？某公民或某组织能否作为行政诉讼第三人参加诉讼？如何确定行政诉讼代表人？

（一）行政诉讼原告

1. 行政行为相对人的原告资格

行政行为的相对人有权提起行政诉讼。

万能金句 某公民或某组织是行政行为的相对人，具有行政诉讼原告资格。

2. 相邻权人的原告资格

相邻权，是指不动产的占有人在行使其物权时，对其相邻的他人不动产所享有的特定支配权，主要包括截水、排水、通行、通风、采光等权利。被诉行政行为侵害其相邻权的，相邻权人有权提起行政诉讼。

万能金句 被诉行政行为涉及某公民或某组织的相邻权，该公民或该组织与被诉行政行为有利害关系，具有行政诉讼原告资格。

3. 公平竞争权人的原告资格

公民、法人或者其他组织认为行政机关滥用行政权力排除或者限制竞争的，有权提起行政诉讼。

万能金句 被诉行政行为涉及某公民或某组织的公平竞争权，该公民或该组织与被诉行政行为有利害关系，具有行政诉讼原告资格。

4. 受害人的原告资格

受害人，是指受到其他公民（加害人）违法行为侵害的人。受害人有权要求行政机关追究加害人的法律责任，有权对行政机关的处理行为提起行政诉讼。

注意：①加害人或者受害人中起诉的一方是原告，没有起诉的一方是第三人；②加害人认为行政处罚过重而起诉，受害人认为行政处罚过轻也同时起诉的，受害人和加害人都是原告，但不是共同原告。

万能金句 某公民或某组织要求行政机关依法追究加害人的法律责任，与被诉行政行为有利害关系，具有行政诉讼原告资格。

5. 营利法人投资人和非营利法人出资人、设立人的原告资格

联营企业、中外合资企业、中外合作企业的联营、合资、合作各方，认为联营、合资、合作企业权益或者自己一方合法权益受行政行为侵害的，有权以自己的名义提起行政诉讼。

事业单位、社会团体、基金会、社会服务机构等非营利法人的出资人、设立人认为行政行为损害法人合法权益的，有权以自己的名义提起行政诉讼。

万能金句

1. 营利法人投资人认为营利法人权益或者自己一方合法权益受行政行为侵害，与被诉行政行为有利害关系的，具有行政诉讼原告资格。

2. 非营利法人出资人、设立人认为行政行为损害非营利法人的合法权益，与被诉行政行为有利害关系的，具有行政诉讼原告资格。

6. 非国有企业的原告资格

非国有企业被行政机关分立、终止、强令兼并、改变企业隶属关系的，该企业或者其法定代表人有权提起行政诉讼。

注意：非国有企业的法定代表人起诉时是以自己的名义，而不是以企业的名义，法定代表人具有原告资格。

万能金句 非国有企业或者其法定代表人与行政机关对非国有企业分立、终止、强令兼并、改变企业隶属关系的行政行为有利害关系，具有行政诉讼原告资格。

7. 投诉、举报人的原告资格

为维护自身合法权益向行政机关投诉，具有处理投诉职责的行政机关作出或者未作出处理的，公民、法人或者其他组织具有原告资格。

注意：并非为了维护自身合法权益或者与被投诉事项没有关联的"职业打假人"和

"投诉专业户",不具有原告资格。

[万能金句] 为维护自身合法权益向行政机关投诉的投诉人,与具有处理投诉职责的行政机关作出或者未作出处理的行政行为有利害关系,其具有行政诉讼原告资格。

8. 债权人的原告资格

债权人一般不具有行政诉讼原告资格,即债权人以行政机关对债务人所作的行政行为损害债权实现为由提起行政诉讼的,法院应当告知其就民事争议提起民事诉讼。若行政机关作出行政行为时依法应予保护或者应予考虑债权人的债权,但是没有保护或者考虑,则债权人具有行政诉讼原告资格。

[例] 被保险人认为保险监管部门对保险公司的接管行为没有保护其合法权益的,有权提起行政诉讼。

[万能金句] 行政机关作出行政行为时依法应予保护或者应予考虑债权人的债权的,债权人与行政行为有利害关系,具有行政诉讼原告资格。

9. 涉及业主共有利益行政案件的原告资格

行政机关作出涉及业主共有利益的行政行为的,业主委员会具有原告资格。业主委员会不起诉的,专有部分占建筑物总面积过半数或者占总户数过半数的业主具有原告资格。

[万能金句] 业主委员会与行政机关作出的涉及业主共有利益的行政行为有利害关系,具有行政诉讼原告资格。业主委员会不起诉的,专有部分占建筑物总面积过半数或者占总户数过半数的业主具有行政诉讼原告资格。

10. 个体工商户的原告资格

行政行为涉及个体工商户的合法权益,个体工商户提起行政诉讼的,以营业执照上登记的经营者为原告。有字号的,以营业执照上登记的字号为原告,并应当注明该字号经营者的基本信息。

[万能金句] 行政行为涉及个体工商户的合法权益的,个体工商户营业执照上登记的经营者具有行政诉讼原告资格;有字号的,营业执照上登记的字号具有行政诉讼原告资格。

11. 原告资格的转移

(1) 公民原告资格的转移

❶有权提起诉讼的公民死亡;

❷其近亲属可以提起诉讼;

❸"近亲属"包括配偶、父母、子女、兄弟姐妹、祖父母、外祖父母、孙子女、外孙子女和其他具有扶养、赡养关系的亲属。

(2) 法人或其他组织原告资格的转移

❶有权提起诉讼的法人或者其他组织终止;

❷承受其权利的法人或者其他组织可以提起诉讼。

[万能金句] 有权提起诉讼的公民死亡,其近亲属可以提起诉讼。有权提起诉讼的法人或者其他组织终止,承受其权利的法人或者其他组织可以提起诉讼。

[法条链接] 《行政诉讼法》第 25 条第 1~3 款;《行诉解释》第 12、13 条,第 14 条第

1款，第15条第2款，第16条第2、3款，第17、18条。

12. 诉讼代表人的确定

（1）当事人一方为10人以上；

（2）可以推选2~5名诉讼代表人参加诉讼；

（3）当事人推选不出的，可由法院在起诉的当事人中指定代表人；

（4）代表人的诉讼行为对其所代表的当事人发生效力，但代表人变更、放弃诉讼请求或者承认对方当事人的诉讼请求，应当经被代表的当事人同意。

[万能金句] 诉讼当事人一方人数为10人以上的，可以由当事人推选2~5名代表人进行诉讼。当事人推选不出的，可以由法院指定代表人。代表人的诉讼行为对其所代表的当事人发生效力，但代表人变更、放弃诉讼请求或者承认对方当事人的诉讼请求，应当经被代表的当事人同意。

[法条链接]《行政诉讼法》第28条；《行诉解释》第29条。

（二）行政诉讼第三人

1. 第三人与行政诉讼有利害关系，既包括与被诉行政行为有利害关系，也包括与诉讼结果有利害关系。

2. 第三人不是通过起诉参加到行政诉讼中，而是在原、被告提起的行政诉讼审理程序已经开始但尚未结束时，申请参加诉讼或者被法院通知参加诉讼。法院应当（而不是"可以"）通知第三人参加诉讼而不通知的，构成诉讼主体的遗漏。

3. 第三人有独立的诉讼地位，既不依附原告，也不依附被告，可以提出自己的诉讼请求。法院判决第三人承担义务或者减损第三人权益的，第三人有权依法提起上诉或者申请再审。

第三人因不能归责于本人的事由未参加诉讼，但有证据证明发生法律效力的判决、裁定、调解书损害其合法权益的，可以自知道或者应当知道其合法权益受到损害之日起6个月内，向上一级法院申请再审。

[例1] 行政处罚案件中，加害人不服处罚提起诉讼的，受害人可以作为第三人参加诉讼；受害人不服处罚提起诉讼的，加害人也可以作为第三人参加诉讼。

[例2] 行政确权、行政裁决和行政许可案件中，当事人或利害关系人向法院起诉行政确权、行政裁决和行政许可行为的，行政确权、行政裁决和行政许可案件中的其他当事人或利害关系人可以作为第三人参加诉讼。

[!注意] 经复议维持的案件，原行为机关和复议机关为共同被告。原告只起诉原行为机关或者复议机关的，法院应当告知原告追加被告。原告不同意追加的，法院应当将另一机关列为共同被告。

[万能金句] 公民、法人或者其他组织同被诉行政行为有利害关系但没有提起诉讼，或者同案件处理结果有利害关系的，可以作为第三人申请参加诉讼，或者由法院通知参加诉讼。法院判决第三人承担义务或者减损第三人权益的，第三人有权提起上诉或者申请再审。

[法条链接]《行政诉讼法》第29条；《行诉解释》第30条第2、3款，第134条第1款。

考点 13 行政赔偿中的赔偿请求人

命题角度分析

在案例分析题中，主要考查行政赔偿请求人资格的转移。

1. 公民

（1）受害的公民本人有权要求赔偿。

（2）受害的公民死亡，其继承人和其他有扶养关系的亲属有权要求赔偿。

注意：受害的公民死亡，支付受害公民医疗费、丧葬费等合理费用的人也可以成为行政赔偿请求人。

2. 法人或其他组织

（1）受害的法人或其他组织有权要求赔偿；

（2）受害的法人或其他组织终止的，其权利承受人有权要求赔偿。

万能金句 受害的公民、法人和其他组织有权要求赔偿。受害的公民死亡，其继承人、其他有扶养关系的亲属以及支付受害公民医疗费、丧葬费等合理费用的人有权要求赔偿。受害的法人或者其他组织终止的，其权利承受人有权要求赔偿。

法条链接《国家赔偿法》第 6 条；《行政赔偿案件规定》第 7 条第 2 款。

考点 14 具体行政行为的作出主体

命题角度分析

在案例分析题中，主要考查行政处罚、行政许可、行政强制措施、行政强制执行、行政公开的实施主体，要求考生分析对实施行政处罚、行政许可、行政强制措施、行政强制执行、行政公开的行政机关的具体要求，以及授权行政和委托行政中对实施主体的具体要求。案例分析题中一般会这样提问：请对行政处罚的合法性进行分析（主体方面）。行政处罚的实施主体有何要求？请对行政许可的合法性进行分析（主体方面）。行政许可的实施主体有何要求？请对行政强制措施的合法性进行分析（主体方面）。行政强制措施的实施主体有何要求？请对行政强制执行的合法性进行分析（主体方面）。行政强制执行的实施主体有何要求？请对政府信息公开的合法性进行分析（主体方面）。政府信息公开的实施主体有何要求？

（一）行政处罚的实施主体

1. 行政机关

行政处罚由具有行政处罚权的行政机关在法定职权范围内实施。为了提高管理效率，防止多头执法、分散执法，行政处罚权相对集中行使，但应具备两个条件：①由国务院或者省、自治区、直辖市政府决定；②限制人身自由的行政处罚权不得集中行使。

[万能金句] 国务院或者省、自治区、直辖市政府可以决定一个行政机关行使有关行政机关的行政处罚权。限制人身自由的行政处罚权只能由公安机关和法律规定的其他机关行使。治安管理处罚由县级以上政府公安机关决定，警告和500元以下的罚款可以由公安派出所决定。

[法条链接]《行政处罚法》第17条，第18条第2、3款；《治安管理处罚法》第91条。

2. 非行政机关

（1）行政处罚的授权实施：授权的依据是法律、法规；授权的对象是具有管理公共事务职能的组织，既包括事业组织，也包括企业组织。

（2）行政处罚的委托实施：行政机关委托实施行政处罚须有法律、法规、规章作为依据；受委托的对象是具有管理公共事务职能的组织。

[万能金句] 法律、法规授权的具有管理公共事务职能的组织可以在法定授权范围内实施行政处罚。行政机关依照法律、法规、规章的规定，可以在其法定权限内书面委托具有管理公共事务职能的组织实施行政处罚。

[法条链接]《行政处罚法》第19~21条。

（二）行政许可的实施主体

1. 行政机关

行政许可由具有行政许可权的行政机关在其法定职权范围内实施。

（1）一个窗口对外；

（2）统一办、联合办、集中办；

（3）相对集中行使行政许可权。

[万能金句] 行政许可需要行政机关内设的多个机构办理的，该行政机关应当确定一个机构统一受理行政许可申请，统一送达行政许可决定。行政许可依法由地方政府2个以上部门分别实施的，本级政府可以确定一个部门受理行政许可申请并转告有关部门分别提出意见后统一办理，或者组织有关部门联合办理、集中办理。经国务院批准，省、自治区、直辖市政府可以决定一个行政机关行使有关行政机关的行政许可权。

[法条链接]《行政许可法》第22、25、26条。

2. 被授权的组织

被授权的组织实施行政许可有两点要求：

（1）授权的依据是法律、法规；

（2）被授权的组织应当是具有管理公共事务职能的组织。

[法条链接]《行政许可法》第23条。

3. 受委托的机关

受委托的机关实施行政许可有三点要求：

（1）行政机关在其法定职权范围内，依照法律、法规、规章的规定，委托其他行政机关；

（2）委托机关应当将受委托行政机关和受委托实施行政许可的内容予以公告；

（3）受委托行政机关不得再委托其他组织或者个人实施行政许可。

[法条链接]《行政许可法》第 24 条第 1、3 款。

[万能金句]法律、法规授权的具有管理公共事务职能的组织，在法定授权范围内，以自己的名义实施行政许可。行政机关在其法定职权范围内，依照法律、法规、规章的规定，可以委托其他行政机关实施行政许可。

（三）行政强制措施的实施主体

1. 行政机关

行政强制措施由法律、法规规定的行政机关在法定职权范围内实施。

2. 被授权组织

法律、行政法规授权的具有管理公共事务职能的组织在法定授权范围内，以自己的名义实施行政强制措施。

3. 行政强制措施权不得委托。

[注意]：与行政处罚和行政许可不同，行政强制措施不得委托实施。

[万能金句]行政强制措施由法律、法规规定的行政机关在法定职权范围内实施。法律、行政法规授权的具有管理公共事务职能的组织在法定授权范围内，以自己的名义实施行政强制措施。行政强制措施权不得委托。

[法条链接]《行政强制法》第 17 条第 1 款、第 70 条。

（四）行政强制执行的实施主体

行政机关强制执行，包括行政机关强制执行和行政机关申请法院强制执行。

1. 行政机关对违法的建筑物、构筑物、设施等进行强制拆除的条件

（1）在程序上，行政机关应予以公告，限期当事人自行拆除；

（2）当事人在法定期限内不申请行政复议或者提起行政诉讼，又不拆除。

2. 符合特定条件时对罚款的直接强制执行。 行政机关依法作出的行政罚款决定，当事人逾期不履行，且在法定期限内不申请行政复议或者提起行政诉讼，经催告仍不履行的，在实施行政管理过程中已经采取查封、扣押措施的行政机关，可以将查封、扣押的财物依法拍卖抵缴罚款。

3. 金钱给付义务的间接强制执行。 行政机关依法作出金钱给付义务的行政决定，当事人逾期不履行的，行政机关可以依法加处罚款或者滞纳金。当事人到期不缴纳罚款的，作出行政处罚决定的行政机关可以每日按罚款数额的 3% 加处罚款，加处罚款的数额不得超出罚款的数额。

[万能金句]

1. 行政机关可以依法强制拆除违法的建筑物、构筑物、设施等。在实施行政管理过程中，已经采取查封、扣押措施的行政机关可以将查封、扣押的财物依法拍卖抵缴罚款。当事人逾期不履行金钱给付义务的行政决定的，行政机关可以依法加处罚款或者滞纳金。当事人到期不缴纳罚款的，作出罚款决定的行政机关可以每日按罚款数额的 3% 加处罚款。

2. 法律没有规定行政机关强制执行的，作出行政决定的行政机关应当申请法院强制执行。

[法条链接]《行政强制法》第 44、45 条，第 46 条第 3 款；《行政处罚法》第 72 条第

1款。

（五）政府信息公开的主体

政府信息公开的主体是根据政府信息的来源来确定的。

1. 行政机关制作的政府信息，由制作该政府信息的行政机关负责公开。

注意：2个以上行政机关共同制作的政府信息，由牵头制作的行政机关负责公开。

2. 行政机关获取的政府信息有两类公开主体

（1）行政机关从公民、法人和其他组织获取的政府信息，由保存该政府信息的行政机关负责公开；

（2）行政机关获取的其他行政机关的政府信息，由制作或者最初获取该政府信息的行政机关负责公开。

万能金句 行政机关制作的政府信息，由制作该政府信息的行政机关负责公开。2个以上行政机关共同制作的政府信息，由牵头制作的行政机关负责公开。行政机关从公民、法人和其他组织获取的政府信息，由保存该政府信息的行政机关负责公开；行政机关获取的其他行政机关的政府信息，由制作或者最初获取该政府信息的行政机关负责公开。

法条链接《政府信息公开条例》第10条第1、3款。

考点 15　行政复议中的被申请人

命题角度分析

在案例分析题中，主要考查行政复议被申请人的确定和资格转移。案例分析题中一般会这样提问：如何确定本案被申请人？某行政机关能否成为被申请人？

案件类型	被申请人的确定
一般情况	作出行政行为的行政机关为被申请人。
授权行政案件	法律、法规、规章授权的组织作出行政行为的，被授权组织为被申请人。
共同作出行政行为案件	共同作出行政行为的行政机关为被申请人。
行政机关设立的派出机构、内设机构或其他组织的案件	经法律、法规、规章授权，对外以自己名义作出行政行为的，派出机构、内设机构或其他组织为被申请人。 未经法律、法规、规章授权，对外以自己名义作出行政行为的，该行政机关为被申请人。
经上级批准的案件	下级行政机关依照法律、法规、规章规定，经上级行政机关批准作出行政行为的，批准机关为被申请人。
资格转移	作出行政行为的行政机关被撤销或者职权变更的，继续行使其职权的行政机关为被申请人。

[万能金句]

1. 公民、法人或者其他组织对行政行为不服申请行政复议的，作出行政行为的行政机关或者法律、法规、规章授权的组织是被申请人。2个以上行政机关以共同的名义作出同一行政行为的，共同作出行政行为的行政机关是被申请人。行政机关委托的组织作出行政行为的，委托的行政机关是被申请人。

2. 下级行政机关依照法律、法规、规章规定，经上级行政机关批准作出行政行为的，批准机关为被申请人。行政机关设立的派出机构、内设机构或者其他组织，未经法律、法规授权，对外以自己名义作出行政行为的，该行政机关为被申请人。

3. 作出行政行为的行政机关被撤销或者职权变更的，继续行使其职权的行政机关是被申请人。

[法条链接]《行政复议法》第19条；《行政复议法实施条例》第13、14条。

考点16 行政诉讼中的被告

[命题角度分析]

在案例分析题中，主要考查行政诉讼被告的确定和资格转移，考生要能够区分授权行政与委托行政案件的被告、上级机关与下级机关案件的被告、行政机关与行政机构案件的被告、不同开发区行政案件的被告、政府与其职能部门案件的被告，并掌握行政机关负责人出庭应诉的要求。案例分析题中一般会这样提问：如何确定本案被告？行政机关负责人出庭应诉有何要求？

（一）一般情况下的被告

原则上，作出行政行为的行政机关是被告。特殊情形有：

1. 授权行政与委托行政的被告

在授权行政中，被授权组织是被告；在委托行政中，委托的行政机关是被告。

[万能金句]

1. 当事人直接向法院提起诉讼的，作出行政行为的行政机关是被告。2个以上行政机关作出同一行政行为的，共同作出行政行为的行政机关是共同被告。

2. 当事人对法律、法规、规章授权的组织作出的行政行为提起诉讼的，以被授权组织为被告。

3. 当事人对行政机关委托的组织所作的行政行为提起诉讼的，委托的行政机关是被告。没有法律、法规或者规章规定，行政机关授权其内设机构、派出机构或者其他组织行使行政职权的，属于行政委托。当事人不服提起诉讼的，应当以该行政机关为被告。

2. 经上级机关批准而作出行政行为的被告

行政行为的作出或者生效需要经上级行政机关批准的行政诉讼案件，以在对外发生法律效力的文书上署名的机关为被告。

043

[万能金句] 当事人不服经上级行政机关批准的行政行为，向法院提起诉讼的，以在对外发生法律效力的文书上署名的机关为被告。

[法条链接]《行政诉讼法》第 26 条第 1、4、5 款；《行诉解释》第 19 条、第 20 条第 3 款。

（二）行政机构案件的被告

有无授权	名义	是否越权	被告
无	行政机构	—	所属行政机关
有		没有超出授权范围	行政机构
		超出授权范围	

[例 1] 公安局的内设机构——治安科没有罚款授权，其实施治安罚款的，被告是公安局。

[例 2] 公安局的派出机构——派出所有 500 元以下罚款的授权，其在授权范围内作出行政行为（罚款 200 元）的，被告是派出所；超出授权范围作出行政行为（罚款 1000 元）的，被告也是派出所。

[万能金句]

1. 行政机关组建并赋予行政管理职能但不具有独立承担法律责任能力的机构，以自己的名义作出行政行为，当事人不服提起诉讼的，应当以组建该机构的行政机关为被告。

2. 法律、法规或者规章授权行使行政职权的行政机关内设机构、派出机构或者其他组织，超出法定授权范围实施行政行为，当事人不服提起诉讼的，应当以实施该行为的机构或者组织为被告。

[法条链接]《行诉解释》第 20 条第 1、2 款。

（三）开发区案件的被告

开发区种类		作出行政行为的主体	被告
开发区管理机构有行政主体资格	国务院、省级政府批准设立的开发区管理机构	开发区管理机构	开发区管理机构
		开发区管理机构所属职能部门	开发区管理机构所属职能部门
	其他开发管理机构	开发区管理机构	开发区管理机构
		开发区管理机构所属职能部门	
开发区管理机构没有行政主体资格		开发区管理机构	设立开发区管理机构的地方政府
		开发区管理机构所属职能部门	

[万能金句] 当事人对由国务院、省级政府批准设立的开发区管理机构作出的行政行为不服提起诉讼的，以该开发区管理机构为被告；对由国务院、省级政府批准设立的开发区管理机构所属职能部门作出的行政行为不服提起诉讼的，以其职能部门为被告；对其他开发区管理机构所属职能部门作出的行政行为不服提起诉讼的，以开发区管理机构为被告；开发区管理机构没有行政主体资格的，以设立该机构的地方政府为被告。

[法条链接]《行诉解释》第 21 条。

（四）行政诉讼被告资格的转移

作出行政行为的行政机关被撤销的：

1. 继续行使其职权的行政机关是被告。

2. 没有继续行使其职权的行政机关的，以其所属的政府为被告；实行垂直领导的，以垂直领导的上一级行政机关为被告。

[万能金句] 行政机关被撤销或者职权变更的，继续行使其职权的行政机关是被告。没有继续行使其职权的行政机关的，以其所属的政府为被告；实行垂直领导的，以垂直领导的上一级行政机关为被告。

[法条链接]《行政诉讼法》第 26 条第 6 款；《行诉解释》第 23 条。

（五）行政机关负责人出庭应诉

1. "民告官，要见官。"

2. "官出庭，要出声。"

[万能金句]

1. 被诉行政机关负责人应当出庭应诉，可以另行委托 1~2 名诉讼代理人。行政机关负责人不能出庭的，应当委托行政机关相应的工作人员出庭，不得仅委托律师出庭。

2. 行政机关负责人或者行政机关委托的相应工作人员在庭审过程中应当就案件情况进行陈述、答辩、提交证据、辩论、发表最后意见，对所依据的规范性文件进行解释说明。行政机关负责人出庭应诉的，应当就实质性解决行政争议发表意见。

[法条链接]《行政诉讼法》第 3 条第 3 款；《行诉解释》第 128 条第 2 款；《最高人民法院关于行政机关负责人出庭应诉若干问题的规定》第 11 条第 2、3 款。

考点 17 行政赔偿中的赔偿义务机关

命题角度分析

在案例分析题中，主要考查行政赔偿义务机关的确定和资格转移，特别是在共同实施侵权行为中行政赔偿义务机关的确定以及非诉执行案件中赔偿义务机关的确定。案例分析题中一般会这样提问：如何确定本案的行政赔偿义务机关？行政机关负责人出庭应诉有何要求？

具体情形	赔偿义务机关
行政机关及其工作人员实施侵权行为	行政机关赔偿
法律、法规授权的组织实施侵权行为	被授权的组织赔偿
受委托的组织或个人实施侵权行为	委托的行政机关赔偿
申请法院强制执行其行政行为造成损害	申请的行政机关赔偿（申请强制执行的行政行为违法）

续表

具体情形	赔偿义务机关
赔偿义务机关被撤销	继续行使其职权的行政机关赔偿
	作出撤销决定的行政机关赔偿（无继受机关）

 🟩 万能金句

1. 行政机关及其工作人员行使行政职权造成损害的，该行政机关为赔偿义务机关；2 个以上行政机关共同行使行政职权时造成损害的，共同行使行政职权的行政机关为共同赔偿义务机关；行政机关申请法院强制执行其行政行为，因据以强制执行的行政行为造成损害的，申请强制执行的行政机关为赔偿义务机关。

2. 法律、法规授权的组织在行使授予的行政权力时造成损害的，被授权的组织为赔偿义务机关；受行政机关委托的组织或者个人在行使受委托的行政权力时造成损害的，委托的行政机关为赔偿义务机关。

3. 赔偿义务机关被撤销的，继续行使其职权的行政机关为赔偿义务机关；没有继续行使其职权的行政机关的，撤销该赔偿义务机关的行政机关为赔偿义务机关。

[法条链接]《国家赔偿法》第 7 条；《行政赔偿案件规定》第 10 条。

专题 4 行政救济的管辖

行政救济的管辖包括行政复议的管辖与行政诉讼的管辖。如何在行政复议中确定行政复议机关？如何在行政诉讼中确定管辖法院？

考点 18 行政复议机关

命题角度分析

在案例分析题中，主要考查行政复议机关的确定，特别是考查垂直复议、自我复议，以及派出机构作为被申请人时如何确定行政复议机关。案例分析题中一般会这样提问：谁是本案的行政复议机关？如何确定本案的行政复议管辖？某公民或某组织向谁申请行政复议？

	行政复议被申请人		行政复议机关
政府复议	县级以上地方政府工作部门		本级地方政府
	地方政府	非省级地方政府	上一级地方政府
		省级地方政府	省级地方政府（自我复议）
	地方政府设立的派出机关		设立派出机关的地方政府
	县级以上地方政府管理的法律、法规、规章授权的组织		本级地方政府
	县级以上地方政府工作部门管理的法律、法规、规章授权的组织		
	县级以上地方政府工作部门设立的派出机构		县级以上地方政府（包括直辖市、设区的市政府）
	直辖市、设区的市政府工作部门按照行政区划设立的派出机构		派出机构所在地的政府
部门复议	国务院部门		国务院部门
	国务院部门依法设立的派出机构		
	国务院部门管理的法律、行政法规、部门规章授权的组织		
选择复议	县级以上地方政府司法行政部门		本级地方政府或者上一级司法行政部门
垂直复议	海关、金融、外汇管理等实行垂直领导的行政机关、税务和国家安全机关		上一级主管部门

❶ **注意**：对省级地方政府和国务院部门（自我复议）作出的行政复议决定不服的，可以向法院提起行政诉讼；也可以向国务院申请裁决，国务院作出最终裁决。

万能金句

1. 县级以上地方各级政府管辖对本级政府工作部门作出的行政行为不服的行政复议案件，对下一级政府作出的行政行为不服的行政复议案件，对本级政府依法设立的派出机关作出的行政行为不服的行政复议案件，对本级政府或者其工作部门管理的法律、法规、规章授权的组织作出的行政行为不服的行政复议案件，对本级政府工作部门依法设立的派出机构依照法律、法规、规章规定以派出机构的名义作出的行政行为不服的行政复议案件。省级地方政府管辖对本机关作出的行政行为不服的行政复议案件。

2. 国务院部门管辖对本部门作出的行政行为不服的行政复议案件，对本部门依法设立的派出机构依照法律、行政法规、部门规章规定以派出机构的名义作出的行政行为不服的行政复议案件，对本部门管理的法律、行政法规、部门规章授权的组织作出的行政行为不服的行政复议案件。

3. 对海关、金融、外汇管理等实行垂直领导的行政机关、税务和国家安全机关的行政行为不服的行政复议案件，由上一级主管部门管辖。

4. 对履行行政复议机构职责的地方政府司法行政部门的行政行为不服的行政复议案件，既可以由本级政府管辖，也可以由上一级司法行政部门管辖。

法条链接《行政复议法》第24~28条。

考点 19 ▶▶ 行政诉讼的级别管辖

命题角度分析

在案例分析题中，主要考查中级法院管辖第一审行政案件的情形，确定基层法院和中级法院管辖行政案件的分工。案例分析题中一般会这样提问：如何确定本案的级别管辖？如何确定本案的管辖法院（级别管辖方面）？

（一）基层法院的管辖

原则上，第一审行政案件由基层法院管辖。

（二）中级法院的管辖

中级法院管辖的第一审行政案件有以下类型：

1. 被告级别高的案件

（1）县级以上地方政府作为被告的行政案件

对县级以上地方政府所作的行政行为提起诉讼的案件由中级法院管辖。若是县级以上地方政府的工作部门作为被告的案件，则仍然是由基层法院管辖。例如，省公安厅作为被告的案件，第一审由基层法院管辖。

（2）国务院部门作为被告的行政案件

对国务院部门所作的行政行为提起诉讼的案件由中级法院管辖。国务院部门包括国务院组成部门、国务院直属机构、国务院组成部门管理的国家行政机构、被授权的国务院直属事业单位。

2. 被告特定化的案件

（1）海关处理的案件，主要是海关处理的纳税案件和海关办理的行政处罚案件，由中级法院管辖；

（2）专利行政案件和商标评审案件。

3. 本辖区内重大、复杂的案件

（1）社会影响重大的共同诉讼案件。这类诉讼主要是群体性的农村土地承包案件、土地征用案件、城市规划拆迁案件。

（2）涉外或者涉港、澳、台的案件

❶涉外行政案件由中级法院管辖；

❷涉及港、澳、台的行政案件也由中级法院管辖。

[万能金句] 中级法院管辖对国务院部门或者县级以上地方政府所作的行政行为提起诉讼的第一审行政案件，海关处理的第一审行政案件，社会影响重大的共同诉讼的第一审行政案件，涉外或者涉港、澳、台的第一审行政案件。

[法条链接]《行政诉讼法》第 14～17 条；《行诉解释》第 5 条。

考点 20　行政诉讼的地域管辖

📝 命题角度分析

> 在案例分析题中，主要考查行政诉讼中被告所在地法院管辖的原则，以及原告所在地法院管辖、不动产所在地法院专属管辖的适用情形。案例分析题中一般会这样提问：如何确定本案的地域管辖？如何确定本案的管辖法院（地域管辖方面）？

（一）一般地域管辖

行政案件由最初作出行政行为的行政机关所在地法院管辖，即"原告就被告"原则。

（二）特殊地域管辖

1. 人身自由案件

对限制人身自由的行政强制措施不服提起的诉讼，由被告所在地或者原告所在地法院管辖。

[注意]：限制人身自由的行政处罚案件不适用原告所在地法院管辖。

[一招制敌] 原告所在地包括原告的户籍所在地、经常居住地和被限制人身自由地：①经常居住地，是指公民离开住所地连续居住 1 年以上的地方，但公民住院就医的地方除外；②被限制人身自由地，是指公民被羁押、限制人身自由的场所所在地。

2. 不动产案件

不动产行政案件由不动产所在地法院专属管辖。

⚠️**注意**：不动产已登记的，以不动产登记簿记载的所在地为不动产所在地；不动产未登记的，以不动产实际所在地为不动产所在地。

一招制敌 不动产案件，是指因行政行为导致不动产物权变动的行政案件。

万能金句

1. 行政案件由最初作出行政行为的行政机关所在地法院管辖。

2. 对限制人身自由的行政强制措施不服提起的诉讼，由被告所在地法院或者原告的户籍所在地、经常居住地、被限制人身自由地的法院管辖。

3. 因不动产物权变动而提起的行政诉讼，不动产已登记的，由不动产登记簿记载的所在地法院管辖；不动产未登记的，由不动产实际所在地法院管辖。

法条链接 《行政诉讼法》第18条第1款，第19、20条；《行诉解释》第8条第1款、第9条。

专题 5 行政救济的程序

行政救济的程序包括行政复议程序、行政诉讼程序与行政赔偿程序。

考点 21　行政复议程序

命题角度分析

在案例分析题中，主要考查行政复议的申请、受理、审理、决定和执行。案例分析题中一般会这样提问：某公民或者某组织申请行政复议是否超出法定期限？如何确定本案的复议申请期限？某行政机关是否受理案件（受理条件方面）？本案的审理程序是否合法？若违法，请说明违法之处。如何确定本案的复议决定期限？某行政机关不履行行政复议决定书或者行政复议调解书，如何执行？某公民或者某组织不履行行政复议决定书或者行政复议调解书，如何执行？

（一）行政复议的申请

申请期限	行政复议的申请期限为60日，法律规定超过60日的除外。
一般情况	自公民、法人或者其他组织知道或者应当知道该行政行为之日起计算。
特殊情况	行政机关作出行政行为时，未告知公民、法人或者其他组织申请行政复议的权利、行政复议机关和申请期限的，申请期限自公民、法人或者其他组织知道或者应当知道申请行政复议的权利、行政复议机关和申请期限之日起计算，但是自知道或者应当知道行政行为内容之日起最长不得超过1年。

[万能金句] 公民、法人或者其他组织认为行政行为侵犯其合法权益的，可以自知道或者应当知道该行政行为之日起60日内提出行政复议申请；但是法律规定的申请期限超过60日的除外。行政机关作出行政行为时，未告知公民、法人或者其他组织申请行政复议的权利、行政复议机关和申请期限的，申请期限自公民、法人或者其他组织知道或者应当知道申请行政复议的权利、行政复议机关和申请期限之日起计算，但是自知道或者应当知道行政行为内容之日起最长不得超过1年。

[法条链接]《行政复议法》第20条第1、3款。

（二）行政复议的受理

复议申请审查期限	行政复议机关收到行政复议申请后，应当在5日内进行审查。
	审查期限届满，行政复议机关未作出不予受理决定的，审查期限届满之日视为受理。

续表

复议受理条件	（1）有明确的申请人和符合规定的被申请人； （2）申请人与被申请行政复议的行政行为有利害关系； （3）有具体的行政复议请求和理由； （4）在法定申请期限内提出； （5）属于行政复议范围； （6）属于复议机关的管辖范围； （7）未作为行政复议受理且未作为行政诉讼案件受理：行政复议机关未受理过该申请人就同一行政行为提出的行政复议申请，且法院未受理过该申请人就同一行政行为提起的行政诉讼。
复议申请补正	行政复议申请材料不齐全或者表述不清楚，无法判断行政复议申请是否符合受理条件的，行政复议机关应当自收到申请之日起5日内一次性书面通知申请人补正。
不予受理决定	（1）对不符合受理条件的行政复议申请，行政复议机关应当在审查期限内决定不予受理并说明理由； （2）不属于本机关管辖的，还应当在不予受理决定中告知有管辖权的行政复议机关。
驳回申请决定	行政复议机关受理行政复议申请后，发现不符合受理条件的，应当决定驳回申请并说明理由。

注意：行政复议机关受理行政复议申请，不得向申请人收取任何费用。

万能金句

1. 行政复议机关收到行政复议申请后，应当在5日内进行审查。对不符合受理条件的行政复议申请，行政复议机关应当在审查期限内决定不予受理并说明理由；不属于本机关管辖的，还应当在不予受理决定中告知申请人有管辖权的行政复议机关。行政复议申请的审查期限届满，行政复议机关未作出不予受理决定的，审查期限届满之日起视为受理。

2. 行政复议申请材料不齐全或者表述不清楚，无法判断行政复议申请是否符合受理条件的，行政复议机关应当自收到申请之日起5日内一次性书面通知申请人补正。

法条链接 《行政复议法》第30条，第31条第1款，第33、87条。

（三）行政复议的审理

1. 行政复议审理的普通程序

被申请人答复	答复期限	被申请人应当自收到行政复议申请书副本或者行政复议申请笔录复印件之日起10日内，提出书面答复，并提交作出行政行为的证据、依据和其他有关材料。
听取意见	原　则	行政复议机构应当当面或者通过互联网、电话等方式听取当事人的意见，并将听取的意见记录在案。
	例　外	因当事人原因不能听取意见的，可以书面审理。
听　证	适用范围	审理重大、疑难、复杂的行政复议案件，行政复议机构应当组织听证。 行政复议机构认为有必要听证，或者申请人请求听证的，行政复议机构可以组织听证。

		续表
听证	听证人员	听证由1名行政复议人员任主持人，2名以上行政复议人员任听证员，1名记录员制作听证笔录。
	听证通知	行政复议机构组织听证的，应当于举行听证的5日前将听证的时间、地点和拟听证事项书面通知当事人。
	申请人	申请人无正当理由拒不参加听证的，视为放弃听证权利。
	被申请人	被申请人的负责人应当参加听证。
		被申请人的负责人不能参加听证的，应当说明理由并委托相应的工作人员参加听证。
	听证笔录	经过听证的行政复议案件，行政复议机关应当根据听证笔录、审查认定的事实和证据，依法作出行政复议决定。
审理期限	原则	行政复议机关应当自受理申请之日起60日内作出行政复议决定。
	例外	法律规定的行政复议期限少于60日的除外。
	特殊	经行政复议机关的负责人批准，可以适当延长，并书面告知当事人；延长期限最多不得超过30日。

万能金句

1. 适用普通程序审理的行政复议案件，行政复议机构应当听取当事人的意见。因当事人原因不能听取意见的，可以书面审理。

2. 审理重大、疑难、复杂的行政复议案件，行政复议机构应当组织听证。行政复议机构认为有必要听证，或者申请人请求听证的，行政复议机构可以组织听证。

3. 适用普通程序审理的行政复议案件，行政复议机关应当自受理申请之日起60日内作出行政复议决定；但是法律规定的行政复议期限少于60日的除外。

法条链接《行政复议法》第48~51条、第61条第2款、第62条第1款。

2. 行政复议审理的简易程序

适用范围	法定可适用	事实清楚、权利义务关系明确、争议不大。
		(1) 被申请行政复议的行政行为是当场作出；
		(2) 被申请行政复议的行政行为是警告或者通报批评；
		(3) 案件涉及款额3000元以下；
		(4) 属于政府信息公开案件。
	约定可适用	当事人各方同意适用。
程序简易性	被申请人答复	行政复议机构应当自受理行政复议申请之日起3日内，将行政复议申请书副本或者行政复议申请笔录复印件发送被申请人。
		被申请人应当自收到行政复议申请书副本或者行政复议申请笔录复印件之日起5日内，提出书面答复，并提交作出行政行为的证据、依据和其他有关材料。

续表

程序简易性	审理方式	适用简易程序审理的行政复议案件，可以书面审理。
	审理期限	行政复议机关应当自受理申请之日起30日内作出行政复议决定。

[万能金句]

1. 行政复议机关审理被申请行政复议的行政行为是当场作出的行政复议案件、被申请行政复议的行政行为是警告或者通报批评的行政复议案件、涉及款额3000元以下的行政复议案件、政府信息公开行政复议案件，认为事实清楚、权利义务关系明确、争议不大的，可以适用简易程序。当事人各方同意适用简易程序的行政复议案件，可以适用简易程序。

2. 适用简易程序审理的行政复议案件，可以书面审理。行政复议机关应当自受理申请之日起30日内作出行政复议决定。

[法条链接]《行政复议法》第53、54条，第62条第2款。

3. 复议申请的撤回

（1）撤回的条件：①申请人提出撤回行政复议的申请并说明理由；②撤回必须出自申请人的真实意愿。

[注意]：若发现撤回行政复议申请有强迫、动员等违背申请人真实意愿的情形，则行政复议机关可以不准许撤回申请。

（2）撤回的时间：行政复议申请被受理以后、行政复议决定作出以前。

（3）撤回的效果

❶终止正在进行的行政复议；

❷申请人不得再以同一事实和理由提出行政复议申请，但申请人能够证明撤回行政复议申请违背其真实意思表示的除外；

❸只要不属于复议前置的案件，在法定起诉期限内仍可对原行政行为提起行政诉讼。

[万能金句] 行政复议申请撤回后，申请人不得再以同一事实和理由提出行政复议申请。但是，申请人能够证明撤回行政复议申请违背其真实意思表示的除外。

[法条链接]《行政复议法》第41条第1项；《行政复议法实施条例》第38条。

4. 被申请人改变行政行为

为促使行政争议的尽快解决，在行政复议期间，被申请人可以改变原行政行为。

（1）申请人不提出撤回行政复议申请或者虽提出申请，但未获得准许的，不影响行政复议案件的审理，行政复议机关应当继续就原行政行为进行审查并作出决定；

（2）申请人接受改变原行政行为的后果，撤回行政复议申请并获得行政复议机构的同意的，行政复议程序结束。

[万能金句] 行政复议期间，申请人对行政拘留或者限制人身自由的行政强制措施不服申请行政复议后，因同一违法行为涉嫌犯罪，被采取刑事强制措施的，行政复议机关决定终止行政复议。

[法条链接]《行政复议法》第41条第4项；《行政复议法实施条例》第39条、第42条第1款。

5. 行政复议的和解和调解

复议和解	当事人在行政复议决定作出前可以自愿达成和解。
	和解内容不得损害国家利益、社会公共利益和他人合法权益，不得违反法律、法规的强制性规定。
	当事人达成和解后，由申请人向行政复议机构撤回行政复议申请。行政复议机构准予撤回行政复议申请、行政复议机关决定终止行政复议的，申请人不得再以同一事实和理由提出行政复议申请。但是，申请人能够证明撤回行政复议申请违背其真实意愿的除外。
复议调解	行政复议机关办理行政复议案件，可以进行调解。
	调解应当遵循合法、自愿的原则，不得损害国家利益、社会公共利益和他人合法权益，不得违反法律、法规的强制性规定。
	当事人经调解达成协议的，行政复议机关应当制作行政复议调解书，经各方当事人签字或者签章，并加盖行政复议机关印章，即具有法律效力。调解未达成协议或者调解书生效前一方反悔的，行政复议机关应当依法审查或者及时作出行政复议决定。

[万能金句]

1. 行政复议机关办理行政复议案件，可以进行调解。调解应当遵循合法、自愿的原则，不得损害国家利益、社会公共利益和他人合法权益，不得违反法律、法规的强制性规定。

2. 当事人在行政复议决定作出前可以自愿达成和解，和解内容不得损害国家利益、社会公共利益和他人合法权益，不得违反法律、法规的强制性规定。

[法条链接]《行政复议法》第5、73、74条。

（四）行政复议的决定

行政复议机关依法审理行政复议案件，由行政复议机构对行政行为进行审查，提出意见，经行政复议机关的负责人同意或者集体讨论通过后，以行政复议机关的名义作出行政复议决定。

行政复议机关作出行政复议决定，应当制作行政复议决定书，并加盖行政复议机关印章。行政复议决定书一经送达，即发生法律效力。

[万能金句] 行政复议机关依法审理行政复议案件，经行政复议机关的负责人同意或者集体讨论通过后，作出行政复议决定。

[法条链接]《行政复议法》第61条第1款、第75条。

（五）行政复议的执行

不履行情形	强制执行措施
被申请人不履行行政复议决定书、调解书、意见书	行政复议机关或者有关上级行政机关应当责令其限期履行，并可以约谈被申请人的有关负责人或者予以通报批评。

续表

不履行情形	强制执行措施
申请人、第三人逾期不起诉又不履行行政复议决定书、调解书	（1）维持行政行为的行政复议决定书，由作出行政行为的行政机关依法强制执行，或者申请法院强制执行； （2）变更行政行为的行政复议决定书，由行政复议机关依法强制执行，或者申请法院强制执行； （3）行政复议调解书，由行政复议机关依法强制执行，或者申请法院强制执行。

万能金句

1. 被申请人不履行行政复议决定书、调解书、意见书的，行政复议机关或者有关上级行政机关应当责令其限期履行，并可以约谈被申请人的有关负责人或者予以通报批评。

2. 申请人、第三人逾期不起诉又不履行行政复议决定书、调解书的：①行政复议维持决定书，由作出行政行为的行政机关依法强制执行，或者申请法院强制执行；②行政复议变更决定书，由行政复议机关依法强制执行，或者申请法院强制执行；③行政复议调解书，由行政复议机关依法强制执行，或者申请法院强制执行。

法条链接《行政复议法》第77条第2款、第78条。

考点22 行政诉讼程序

命题角度分析

在案例分析题中，主要考查行政诉讼的起诉期限、登记立案的程序规则、第一审程序中的普通程序和简易程序、第二审程序、撤诉的程序规则、被告缺席的程序规则、先予执行的程序规则、被告改变行政行为的程序规则、行政诉讼的调解程序、行政诉讼裁判执行程序、行政公益诉讼程序、行政附带民事诉讼程序。案例分析题中一般会这样提问：某公民或者某组织提起行政诉讼是否超出法定期限？如何确定本案的起诉期限？法院是否受理案件（受理条件方面）？登记立案有何要求？本案的审理程序是否合法？若违法，请说明违法之处。如何确定本案的审理期限？撤诉有何要求？被告缺席如何处理？先予执行有何要求？被告改变行政行为如何处理？本案能否适用调解？某行政机关不履行行政判决书，如何执行？检察院提起行政公益诉讼有何要求？某公民或者某组织能否请求法院一并解决民事争议？

（一）起诉期限

1. 公民、法人或者其他组织直接向法院提起诉讼的，应当自知道或者应当知道作出行政行为之日起6个月内提出。法律另有规定的除外。

注意：行政诉讼起诉期限和行政复议申请期限的除外规定：行政诉讼起诉期限是法律另有规定的除外，行政复议申请期限是法律规定的申请期限超过60日的除外。

[万能金句] 原则上公民、法人或者其他组织直接向法院提起诉讼的，应当自知道或者应当知道作出行政行为之日起 6 个月内提出。

[法条链接]《行政诉讼法》第 46 条第 1 款。

2. 不作为（行政机关不履行法定职责）案件的起诉期限

公民、法人或者其他组织申请行政机关履行保护其人身权、财产权等合法权益的法定职责，行政机关在接到申请之日起 2 个月内不履行的，公民、法人或者其他组织可以向法院提起诉讼。法律、法规对行政机关履行职责的期限另有规定的，从其规定。

[万能金句] 公民、法人或者其他组织对行政机关不履行法定职责提起诉讼的，应当在行政机关履行法定职责期限届满之日起 6 个月内提出。

[法条链接]《行政诉讼法》第 47 条第 1 款；《行诉解释》第 66 条。

（二）登记立案

法院审查	审查对象	起诉状内容和材料是否完备以及是否符合起诉条件。	
	当场能判断是否符合起诉条件的	符合起诉条件	应当当场登记立案。
		不符合起诉条件	（1）作出不予立案的裁定。裁定书应当载明不予立案的理由。 （2）原告对裁定不服的，可以提起上诉。
	当场不能判断是否符合起诉条件的	应当接收起诉状，出具注明收到日期的书面凭证，并在 7 日内决定是否立案；7 日内仍不能作出判断的，应当先予立案。	
	起诉状内容或者材料欠缺的	（1）法院应当给予指导和释明，并一次性全面告知当事人需要补正的内容、补充的材料及期限。 （2）不得未经指导和释明即以起诉不符合条件为由不接收起诉状。 （3）当事人在指定期限内补正并符合起诉条件的，应当登记立案。 （4）当事人拒绝补正或者经补正仍不符合起诉条件的，退回诉状并记录在册；坚持起诉的，裁定不予立案，并载明不予立案的理由。	
救 济	不接收起诉状、不出具书面凭证、不一次性告知需补正的内容的	当事人可以向上级法院投诉，上级法院应当责令改正，并对直接负责的主管人员和其他直接责任人员依法给予处分。	
	既不立案，又不作出不予立案裁定的	当事人可以向上一级法院起诉。上一级法院认为符合起诉条件的，应当立案、审理，也可以指定其他下级法院立案、审理。	

[万能金句]

1. 起诉状内容欠缺或者有其他错误的，法院应当给予指导和释明，并一次性告知当事人需要补正的内容。

2. 对当场不能判定是否符合起诉条件的，法院应当接收起诉状，出具注明收到日期的书面凭证，并在 7 日内决定是否立案。

3. 法院既不立案，又不作出不予立案裁定的，当事人可以向上一级法院起诉。

[法条链接]《行政诉讼法》第 51、52 条；《行诉解释》第 53 条第 2 款、第 55 条。

（三）第一审程序之普通程序

行政诉讼第一审的普通程序与民事诉讼基本相同，重点掌握以下内容：

1. 组成合议庭：①由审判员或审判员和陪审员组成合议庭；②合议庭的成员，应当是 3 人以上的单数。
2. 交换诉状：①法院应当在立案之日起 5 日内，将起诉状副本发送被告，通知被告应诉；②被告应当在收到起诉状副本之日起 15 日内提出答辩状；③法院应当在收到答辩状之日起 5 日内，将答辩状副本发送原告。
3. 审理方式：①以公开审理为原则，但涉及国家秘密、个人隐私和法律另有规定的除外；②涉及商业秘密的案件，当事人申请不公开审理的，可以不公开审理。
4. 审理期限：法院应当在立案之日起 6 个月内作出第一审判决。有特殊情况需要延长的，由高级法院批准，高级法院审理第一审案件需要延长的，由最高法院批准。
5. 宣告判决：①法院对公开审理和不公开审理的案件，一律公开宣告判决。②当庭宣判的，应当在 10 日内发送判决书；定期宣判的，宣判后立即发给判决书。③宣告判决时，必须告知当事人上诉权利、上诉期限和上诉的法院。

[万能金句]

1. 被告应当在收到起诉状副本之日起 15 日内提出答辩状。
2. 法院应当在立案之日起 6 个月内作出第一审判决。
3. 法院一律公开宣告判决。当庭宣判的，应当在 10 日内发送判决书；定期宣判的，宣判后立即发给判决书。宣告判决时，告知当事人上诉权利、上诉期限和上诉的法院。

[法条链接]《行政诉讼法》第 54 条，第 67 条第 1 款，第 68、80、81 条。

（四）第一审程序之简易程序

1. 适用范围

（1）法定可适用的案件

法院审理下列第一审行政案件，认为事实清楚、权利义务关系明确、争议不大的，可以适用简易程序：①被诉行政行为是依法当场作出的；②案件涉及款额 2000 元以下的；③属于政府信息公开案件的。

（2）约定可适用的案件：第一审行政案件，当事人各方同意适用简易程序的，可以适用简易程序。

（3）不得适用的案件：发回重审、按照审判监督程序再审的案件不适用简易程序。

2. 简易程序的要求

对于适用简易程序审理的行政案件：①由审判员 1 人独任审理；②法院应当在立案之日起 45 日内审结；③法院可以用口头通知、电话、短信、传真、电子邮件等简便方式传唤当事人、通知证人、送达裁判文书以外的诉讼文书。

3. 简易程序向普通程序的转换

法院在审理过程中，发现案件不宜适用简易程序的，裁定转为普通程序。案件转为普通程序审理的，审理期限自法院立案之日起计算。

[万能金句]

1. 法院审理被诉行政行为是依法当场作出的第一审行政案件、涉及款额2000元以下的第一审行政案件、政府信息公开案件的第一审行政案件，认为事实清楚、权利义务关系明确、争议不大的，可以适用简易程序。当事人各方同意适用简易程序的第一审行政案件，可以适用简易程序。

2. 适用简易程序审理的行政案件，法院应当在立案之日起45日内审结。

[法条链接]《行政诉讼法》第82～84条；《行诉解释》第103条第1款、第105条第2款。

（五）撤诉

1. 申请撤诉

申请撤诉是当事人对自己诉讼权利的积极处分，当事人主动向受诉法院提出撤诉申请，不再要求受诉法院对案件继续进行审理。

被告改变被诉行政行为，原告申请撤诉，法院准予原告撤诉的四个条件：

（1）申请撤诉是当事人真实意思表示；

（2）被告改变被诉行政行为，不违反法律、法规的禁止性规定，不超越或者放弃职权，不损害公共利益和他人合法权益；

（3）被告已经改变或者决定改变被诉行政行为，并书面告知法院；

（4）第三人无异议。

2. 视为撤诉

视为撤诉是当事人对自己诉讼权利的消极处分，当事人拒绝履行以下法定诉讼义务的，视为其撤诉：

（1）原告或上诉人经传票传唤，无正当理由拒不到庭的，可以按撤诉处理；

（2）原告或上诉人未经法庭许可中途退庭的，可以按撤诉处理；

（3）原告或上诉人未按规定预交案件受理费，按自动撤诉处理。

3. 撤诉后果

（1）无论是申请撤诉还是视为撤诉，都可直接导致诉讼程序的终结；

（2）法院裁定准许原告撤诉后，原告以同一事实和理由重新起诉的，法院不予立案；

（3）准予撤诉的裁定确有错误，原告申请再审的，法院应当通过审判监督程序撤销原准予撤诉的裁定，重新对案件进行审理。

[万能金句]

1. 法院准予原告撤诉的四个条件：①申请撤诉是当事人真实意思表示；②被告改变被诉行政行为，不违反法律、法规的禁止性规定，不超越或者放弃职权，不损害公共利益和他人合法权益；③被告已经改变或者决定改变被诉行政行为，并书面告知法院；④第三人无异议。

2. 法院裁定准许原告撤诉后，原告不得以同一事实和理由重新起诉；准予撤诉的裁定确有错误，原告申请再审的，法院通过审判监督程序处理。

[法条链接]《行政诉讼法》第 58 条；《行诉解释》第 60、61 条；《行诉撤诉规定》第 2 条。

（六）被告缺席

1. 被告缺席的情形

（1）经法院传票传唤，被告无正当理由拒不到庭；

（2）被告未经法庭许可中途退庭。

2. 被告缺席的处理

（1）法院可以缺席判决；

（2）法院可以将被告拒不到庭或者中途退庭的情况予以公告；

（3）法院可以向监察机关或者被告的上一级行政机关提出依法给予其主要负责人或者直接责任人员处分的司法建议。

[万能金句] 被告经传票传唤无正当理由拒不到庭，或者未经法庭许可中途退庭的，法院可以缺席判决，可以将被告拒不到庭或者中途退庭的情况予以公告，可以向监察机关或者被告的上一级行政机关提出给予其主要负责人或者直接责任人员处分的司法建议。

[法条链接]《行政诉讼法》第 58 条、第 66 条第 2 款；《行诉解释》第 79 条第 3 款。

（七）先予执行

1. 实体条件——起诉行政机关没有依法支付抚恤金、最低生活保障金和工伤、医疗社会保险金的案件，权利义务关系明确、不先予执行将严重影响原告生活。

2. 程序条件——原告申请。

[万能金句] 法院对起诉行政机关没有依法支付抚恤金、最低生活保障金和工伤、医疗社会保险金的案件，权利义务关系明确、不先予执行将严重影响原告生活的，可以根据原告的申请，裁定先予执行。

[法条链接]《行政诉讼法》第 57 条第 1 款。

（八）被告改变被诉行政行为

被告改变被诉行政行为情形	实质改变：①改变认定的主要事实和证据；②改变适用的规范依据且对定性产生影响；③撤销、部分撤销或者变更处理结果。 视为改变：①根据原告的请求依法履行法定职责；②采取相应的补救、补偿等措施；③在行政裁决案件中，书面认可原告与第三人达成的和解。
被告改变被诉行政行为程序	既可以在第一审期间改变，也可以在第二审期间和再审期间改变。 在一审期间改变被诉行政行为的，应当书面告知法院。

续表

行政诉讼程序变化	(1) 原告申请撤诉的，经法院准许后诉讼结束； (2) 原告不撤诉的，法院继续审理原行政行为； (3) 原告或者第三人起诉新行政行为的，法院审理新行政行为并作出判决； (4) 不作为案件被告已作为，原告不撤诉的，法院继续审理不作为的合法性。

万能金句

1. 行政机关可以在一审期间改变被诉行政行为，也可以在二审期间和再审期间改变被诉行政行为。

2. 被告在一审期间改变被诉行政行为：原告申请撤诉的，经法院准许后诉讼结束；原告不撤诉的，法院继续审理原行政行为；原告或第三人起诉新行政行为的，法院审理新行政行为。

法条链接《行政诉讼法》第 62 条；《行诉解释》第 81 条；《行诉撤诉规定》第 3、4 条。

（九）调解

行政诉讼原则上不适用调解，仅在例外情况下可以调解。

调解范围	行政赔偿、行政补偿以及行政机关行使法律、法规规定的自由裁量权的案件。
调解原则	遵循自愿、合法原则，不得损害国家利益、社会公共利益和他人合法权益。

万能金句 法院审理行政赔偿案件、行政补偿案件、行政裁量案件，可以调解。调解应当遵循自愿、合法原则，不得损害国家利益、社会公共利益和他人合法权益。

法条链接《行政诉讼法》第 60 条。

（十）第二审程序

行政诉讼第二审程序与民事诉讼基本相同，重点掌握以下内容：

1. 审理方式

法院对上诉案件，应当组成合议庭，开庭审理。经过阅卷、调查和询问当事人，对没有提出新的事实、证据或者理由，合议庭认为不需要开庭审理的，也可以不开庭审理。

2. 审理对象

法院审理上诉案件，应当对原审法院的判决、裁定和被诉行政行为进行全面审查，不受当事人上诉范围的限制。

3. 审理期限

法院审理上诉案件，原则上应当在收到上诉状之日起 3 个月内作出终审判决。

万能金句 法院审理上诉案件，应当对原审法院的判决、裁定和被诉行政行为进行全面审查，并在收到上诉状之日起 3 个月内作出终审判决。

法条链接《行政诉讼法》第 86~88 条。

（十一）行政诉讼裁判的执行

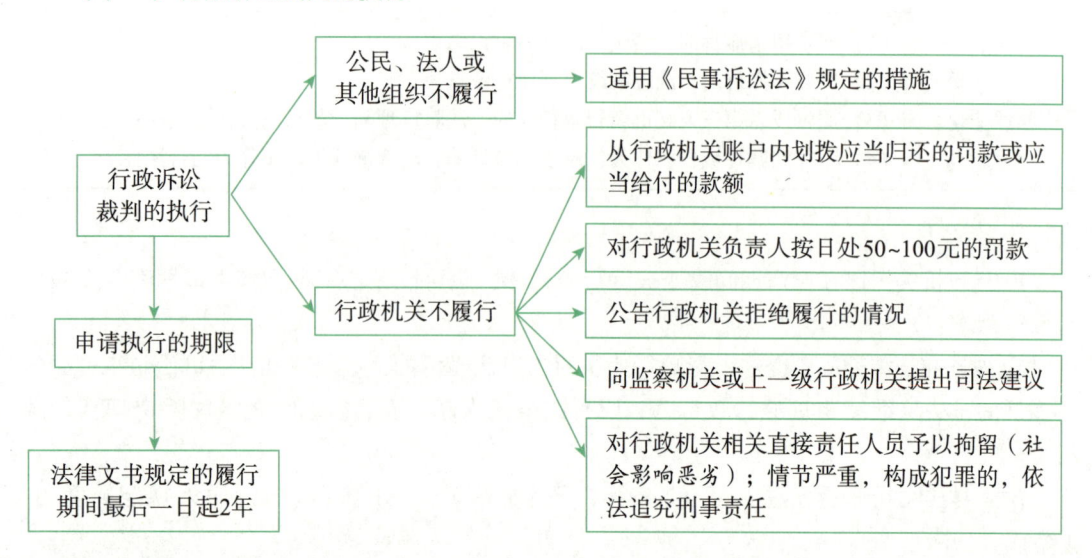

```
                    ┌─ 公民、法人或 ──→ 适用《民事诉讼法》规定的措施
                    │   其他组织不履行
                    │
                    │                    ┌→ 从行政机关账户内划拨应当归还的罚款或应
行政诉讼 ───────────┤                    │  当给付的款额
裁判的执行          │                    │
                    │                    ├→ 对行政机关负责人按日处50~100元的罚款
                    └─ 行政机关不履行 ──┤
                                         ├→ 公告行政机关拒绝履行的情况
                                         │
                                         ├→ 向监察机关或上一级行政机关提出司法建议
                                         │
                                         └→ 对行政机关相关直接责任人员予以拘留（社
                                            会影响恶劣）；情节严重，构成犯罪的，依
                                            法追究刑事责任

申请执行的期限 ── 法律文书规定的履行期间最后一日起2年
```

万能金句 行政机关拒绝履行判决、裁定、调解书的，一审法院可以采取下列措施：①对应当归还的罚款或者应当给付的款额，通知银行从该行政机关的账户内划拨；②从期满之日起，对该行政机关负责人按日处50~100元的罚款；③将行政机关拒绝履行的情况予以公告；④向监察机关或者该行政机关的上一级行政机关提出司法建议；⑤社会影响恶劣的，可以对该行政机关直接责任人员予以拘留。

法条链接《行政诉讼法》第95、96条；《行诉解释》第153条。

（十二）行政附带民事诉讼

适用条件	（1）涉及行政许可、登记、征收、征用和行政机关对民事争议所作的裁决的行政诉讼（包括一并提起的行政赔偿诉讼）。 （2）当事人申请一并解决相关民事争议。 （3）当事人应当在第一审开庭审理前提出；有正当理由的，也可以在法庭调查中提出。
立　案	（1）涉及行政许可、登记、征收、征用的民事争议案件，民事争议应当单独立案； （2）法院审理行政机关对民事争议所作裁决的案件，一并审理民事争议的，不另行立案。
裁　判	对行政争议和民事争议应当分别裁判。
诉讼费用	法院一并审理相关民事争议，应当按行政案件、民事案件的标准分别收取诉讼费用。

万能金句

1. 在涉及行政许可、登记、征收、征用和行政机关对民事争议所作的裁决的行政诉讼中，当事人申请一并解决相关民事争议的，法院可以一并审理。

2. 公民、法人或者其他组织请求一并审理相关民事争议的，应当在第一审开庭审理前提出；有正当理由的，也可以在法庭调查中提出。

3. 法院在行政诉讼中一并审理相关民事争议的，民事争议应当单独立案；审理行政机关对民事争议所作裁决的案件，民事争议不另行立案。

法条链接《行政诉讼法》第61条第1款;《行诉解释》第137、140条,第142条第1款,第144条。

(十三)行政公益诉讼

诉前程序		(1) 检察院在履行职责中发现生态环境和资源保护、食品药品安全、国有财产保护、国有土地使用权出让等领域负有监督管理职责的行政机关违法行使职权或者不作为,致使国家利益或者社会公共利益受到侵害的,应当向行政机关提出检察建议,督促其依法履行职责。 (2) 行政机关应当在收到检察建议书之日起2个月内依法履行职责,并书面回复检察院。出现国家利益或者社会公共利益损害继续扩大等紧急情形的,行政机关应当在15日内书面回复。 (3) 行政机关不依法履行职责的,检察院依法向法院提起诉讼。
管辖	基层检察院起诉	由被诉行政机关所在地基层法院管辖。
检察院	公益诉讼起诉人	依照《民事诉讼法》《行政诉讼法》享有相应的诉讼权利,履行相应的诉讼义务,但法律、司法解释另有规定的除外。
起诉	检察院应当提交的材料	(1) 行政公益诉讼起诉书,并按照被告人数提出副本; (2) 被告违法行使职权或者不作为,致使国家利益或者社会公共利益受到侵害的证明材料; (3) 已经履行诉前程序,行政机关仍不依法履行职责或者纠正违法行为的证明材料。
出庭	检察院派员出庭	(1) 法院开庭审理检察院提起的公益诉讼案件,应当在开庭3日前向检察院送达出庭通知书; (2) 检察院应当派员出庭,并应当自收到法院出庭通知书之日起3日内向法院提交派员出庭通知书。
上诉	检察院不服一审判决、裁定的,可以提起上诉。	
执行		(1) 法院可以将判决结果告知被诉行政机关所属的政府或者其他相关的职能部门; (2) 被告不履行生效判决、裁定的,法院应当移送执行。

[提示] 行政公益案件应当优先适用行政公益诉讼的特别规则;没有特别规则时,适用一般行政诉讼规则。

万能金句

1. 检察院在履行职责中发现有关行政机关违法行使职权或者不作为,致使国家利益或者社会公共利益受到侵害的,应当向行政机关提出检察建议,督促其依法履行职责。行政机关不依法履行职责的,检察院提起行政公益诉讼。

2. 基层检察院提起的第一审行政公益诉讼案件,由被诉行政机关所在地基层法院管辖。

3. 检察院提起行政公益诉讼应当提交:①被告违法行使职权或者不作为,致使国家利益或者社会公共利益受到侵害的证明材料;②检察机关已经履行诉前程序,行政机关仍不依法履行职责或者纠正违法行为的证明材料。

4. 在行政公益诉讼案件审理过程中，被告纠正违法行为或者依法履行职责而使检察院的诉讼请求全部实现，检察院撤回起诉的，法院应当裁定准许。

5. 被告不履行行政公益诉讼生效判决、裁定的，法院应当移送执行。

[法条链接]《行政诉讼法》第25条第4款；《检察公益诉讼解释》第4条，第5条第2款，第8、10、12、21、22、24条，第25条第2款。

考点23 行政赔偿程序

命题角度分析

行政赔偿有两大程序：①在行政复议和行政诉讼中一并解决行政赔偿问题的程序；②单独提起行政赔偿的程序。在案例分析题中，主要考查在行政复议中附带处理行政赔偿的程序规则、在行政诉讼中附带处理行政赔偿的程序规则、以行政赔偿义务机关先行处理作为行政赔偿诉讼的前置程序、行政追偿的条件。案例分析题中一般会这样提问：如何在行政复议中一并解决行政赔偿？如何在行政诉讼中一并解决行政赔偿？赔偿请求人申请赔偿有何要求？行政赔偿义务机关处理赔偿的程序有何要求？本案能否追偿？

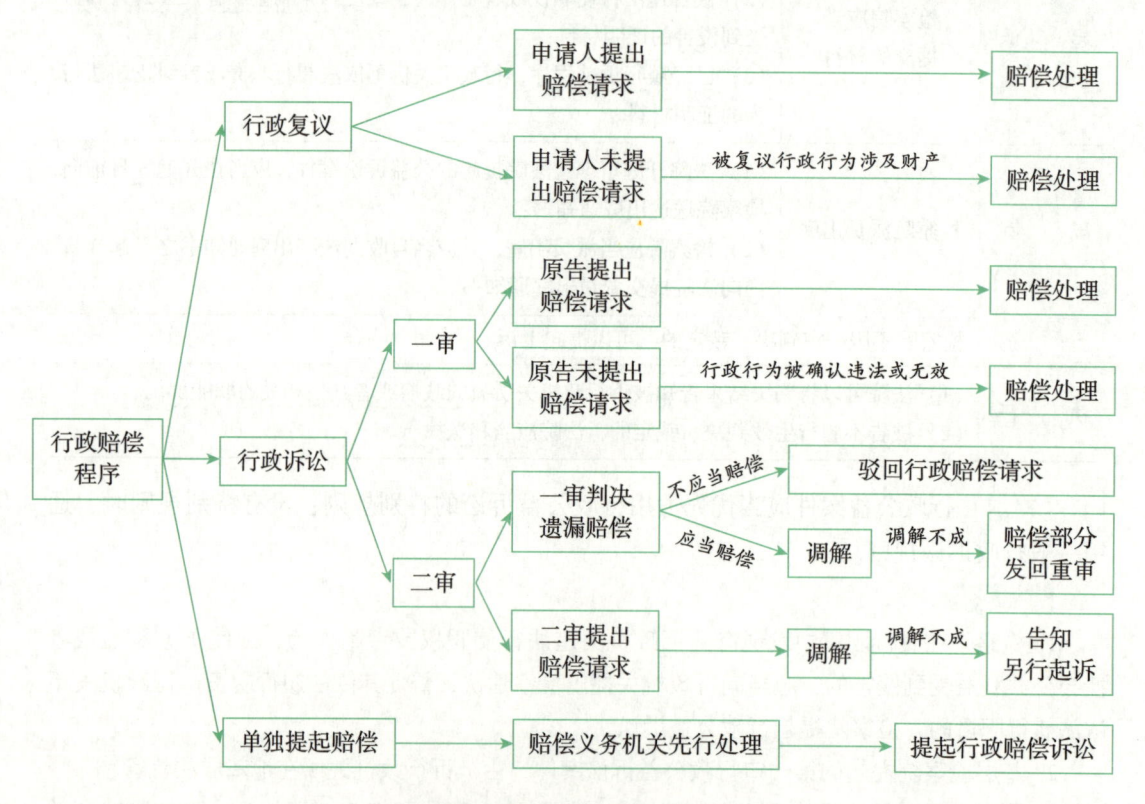

```
                              ┌─ 申请人提出赔偿请求 ──────────────────── 赔偿处理
                   ┌─ 行政复议 ┤
                   │          └─ 申请人未提出赔偿请求 ─被复议行政行为涉及财产─ 赔偿处理
                   │
                   │          ┌─ 一审 ┌─ 原告提出赔偿请求 ─────────────── 赔偿处理
                   │          │      └─ 原告未提出赔偿请求 ─行政行为被确认违法或无效─ 赔偿处理
行政赔偿 ─ 行政诉讼 ┤          │
   程序            │          │      ┌─ 一审判决 ─不应当赔偿─ 驳回行政赔偿请求
                   │          │      │  遗漏赔偿  └应当赔偿─ 调解 ─调解不成─ 赔偿部分发回重审
                   │          └─ 二审 │
                   │                 └─ 二审提出赔偿请求 ─ 调解 ─调解不成─ 告知另行起诉
                   │
                   └─ 单独提起赔偿 ── 赔偿义务机关先行处理 ── 提起行政赔偿诉讼
```

[提示] 公民、法人或者其他组织提起行政赔偿诉讼时，行政行为未被确认为违法且符合行政诉讼起诉条件的，视为提起行政诉讼时一并提起行政赔偿诉讼。

❶ 注意1：法院释明义务：原告提起行政诉讼时未一并提起行政赔偿诉讼，法院审查

认为可能存在行政赔偿的,应当告知原告可以一并提起行政赔偿诉讼。

⭕ **注意 2**:国家赔偿中,赔偿请求人请求国家赔偿的时效为自知道或者应当知道行政行为侵犯其合法权益之日起 2 年。但是注意,行政赔偿中,在申请行政复议与提起行政诉讼时一并提出行政赔偿请求的期限分别为 60 日与 6 个月,单独提起行政赔偿复议的期限为 60 日,单独提起行政赔偿诉讼的期限为 3 个月。

⭕ **注意 3**:行政追偿必须具备两个条件:①赔偿义务机关已经履行了行政赔偿责任;②行政机关工作人员、受委托的组织或个人具有故意或者重大过失。

万能金句

1. 赔偿请求人要求赔偿,应当先向赔偿义务机关提出,也可以在申请行政复议或者提起行政诉讼时一并提出。

2. 公民、法人或者其他组织对行政机关作出的赔偿决定或者不予赔偿决定不服的,可以申请行政复议。

3. 法院判决确认违法或者无效的,可以同时判决责令被告采取补救措施;给原告造成损失的,依法判决被告承担赔偿责任。

4. 一审判决遗漏行政赔偿请求;二审法院认为不应当予以赔偿的,判决驳回行政赔偿请求。二审法院认为应当予以赔偿的,可以就行政赔偿问题进行调解;调解不成的,应当就行政赔偿部分发回重审。当事人在二审期间提出行政赔偿请求的,二审法院可以进行调解;调解不成的,应当告知当事人另行起诉。

5. 赔偿请求人请求国家赔偿的时效为 2 年,自其知道或者应当知道国家机关及其工作人员行使职权时的行为侵犯其人身权、财产权之日起计算。

6. 赔偿请求人当面递交申请书的,赔偿义务机关应当当场出具加盖本行政机关专用印章并注明收讫日期的书面凭证。申请材料不齐全的,赔偿义务机关应当当场或者在 5 日内一次性告知赔偿请求人需要补正的全部内容。

7. 赔偿义务机关应当自收到申请之日起 2 个月内,作出是否赔偿的决定。

8. 赔偿请求人对赔偿义务机关在规定期限内未作出是否赔偿的决定、作出不予赔偿的决定或者作出的赔偿决定不服的,可以在 3 个月内提起诉讼。

法条链接《国家赔偿法》第 9 条第 2 款,第 12 条第 4 款,第 13、14 条,第 16 条第 1 款,第 39 条第 1 款;《行政诉讼法》第 76 条;《行政复议法》第 11 条第 6 项、第 72 条;《行诉解释》第 109 条第 4~6 款;《行政赔偿案件规定》第 13 条第 1 款、第 14 条第 1 款、第 15 条。

专题 6　行政救济的证据和规范性文件附带审查

行政救济的证据主要是行政复议的证据和行政诉讼的证据，也涉及国家赔偿中行政赔偿的证据。行政救济中的规范性文件附带审查，既包括行政复议中规范性文件附带审查，也包括行政诉讼中规范性文件附带审查。

考点 24　行政复议当事人举证

命题角度分析

> 在案例分析题中主要考查在行政复议中如何分配申请人和被申请人的举证责任以及行政复议期间对被申请人收集证据的限制。案例分析题中一般会这样提问：本案的举证责任如何分配？本案中某行政机关承担何种举证责任？本案中某公民或者某组织承担何种举证责任？行政复议期间，某行政机关能否收集证据？

被申请人举证	被申请人对其作出的行政行为的合法性、适当性负有举证责任。被申请人未在法定期限内提交作出行政行为的证据的，视为该行政行为没有证据，但是行政行为涉及第三人合法权益，第三人提供证据的除外。 原则：行政复议期间，被申请人不得自行向申请人和其他有关单位或者个人收集证据；自行收集的证据不作为认定行政行为合法性、适当性的依据。 例外：行政复议期间，申请人或者第三人提出被申请行政复议的行政行为作出时没有提出的理由或者证据的，经行政复议机构同意，被申请人可以补充证据。
申请人举证	（1）申请人认为被申请人不履行法定职责的，提供曾经要求被申请人履行法定职责的证据，但是被申请人应当依职权主动履行法定职责或者申请人因正当理由不能提供的除外； （2）申请人提出行政赔偿请求的，提供受行政行为侵害而造成损害的证据，但是因被申请人原因导致申请人无法举证的，由被申请人承担举证责任。

万能金句

1. 被申请人对其作出的行政行为的合法性、适当性负有举证责任。
2. 申请人认为被申请人不履行法定职责的，提供曾经要求被申请人履行法定职责的证据，但是被申请人应当依职权主动履行法定职责或者申请人因正当理由不能提供的除外；申请人提出行政赔偿请求的，提供受行政行为侵害而造成损害的证据，但是因被申请人原因导致申请人无法举证的，由被申请人承担举证责任。

3. 行政复议期间，被申请人不得自行收集证据；自行收集的证据不作为认定行政行为合法性、适当性的依据。行政复议期间，申请人或者第三人提出被申请行政复议的行政行为作出时没有提出的理由或者证据的，经行政复议机构同意，被申请人可以补充证据。

[法条链接]《行政复议法》第44、46条。

考点 25 行政诉讼当事人举证

[命题角度分析]

在案例分析题中主要考查在行政诉讼中如何分配原告和被告的举证责任，如何确定原告和被告的举证期限。案例分析题中一般会这样提问：本案的举证责任如何分配？本案中某行政机关承担何种举证责任？本案中某公民或者某组织承担何种举证责任？行政诉讼期间，某行政机关能否收集证据？如何确定某行政机关的举证期限？如何确定某公民或者某组织的举证期限？

（一）被告的举证责任

被告对被诉行政行为的合法性负举证责任。

1. 被告应当提供作出该行政行为的证据和所依据的规范性文件。

2. 原告可以提供证明行政行为违法的证据。原告提供的证据不成立的，不免除被告的举证责任。

[万能金句] 被告对作出的行政行为的合法性负有举证责任。原告提供的证明行政行为违法的证据不成立的，不免除被告的举证责任。

[法条链接]《行政诉讼法》第34条第1款、第37条。

（二）原告的举证责任

1. 证明起诉符合法定条件。

⚠ 注意：被告认为原告起诉超过法定期限的除外。

2. 在起诉被告不作为的案件中，原告应当提供其在行政程序中曾经向被告提出申请的证据材料。

⚠ 注意1：两个例外：

（1）被告应当依职权主动履行法定职责的。即行政机关法定职责的履行不以原告申请为前提。

［例］警察巡逻时看到正在遭受不法侵害的公民，不依职权进行保护。

（2）原告因正当理由不能提供证据的。

⚠ 注意2：正当理由，是指原告因被告受理申请的登记制度不完备等正当事由不能提供相关证据材料的，就不用提供其向被告提出过申请的证据材料，只要作出合理说明即可。

3. 在行政赔偿、补偿案件中，原告应当对行政行为造成的损害提供证据。

⚠ 注意1：因被告的原因导致原告无法就损害情况举证的，应当由被告就该损害情况承担举证责任。

[提示] 在行政赔偿案件中，当事人的损失因客观原因无法鉴定的，法院应当结合当事人的主张和在案证据，遵循法官职业道德，运用逻辑推理和生活经验、生活常识等，酌情确定赔偿数额：①对于原告主张的生产和生活所必需物品的合理损失，应当予以支持；②对于原告提出的超出生产和生活所必需的其他贵重物品、现金损失，可以结合案件相关证据予以认定。

❶注意2：行政赔偿诉讼原则上采用的是"谁主张，谁举证"的规则。但是，这一原则有举证责任倒置的例外，即赔偿义务机关采取行政拘留或者限制人身自由的强制措施期间，被限制人身自由的人死亡、丧失行为能力或者受到其他身体伤害，赔偿义务机关否认相关损害事实或者损害与违法行政行为之间存在因果关系的，应当由赔偿义务机关提供证据。

[万能金句]
1. 原告应当证明起诉符合法定条件，被告认为原告起诉超过法定期限的除外。
2. 在起诉被告不履行法定职责的案件中，原告应当提供其向被告提出申请的证据。但被告应当依职权主动履行法定职责以及原告因正当理由不能提供证据的除外。
3. 在行政赔偿、补偿案件中，原告应当对行政行为造成的损害提供证据。因被告的原因导致原告无法举证的，由被告承担举证责任。
4. 被限制人身自由的人死亡、丧失行为能力或者受到其他身体伤害的，应当由赔偿义务机关提供证据。

[法条链接]《行政诉讼法》第38条；《国家赔偿法》第15条；《行诉解释》第47条第1、3款；《行政诉讼证据规定》第4条；《行政赔偿案件规定》第11条第2款、第12条。

（三）举证期限

1. 一般情况

被告	一般期限	收到起诉状副本之日起15日内，提供据以作出被诉行政行为的全部证据和所依据的规范性文件。
	延期提供	因不可抗力或其他正当事由不能提供的，应在举证期限内向法院提出书面延期申请。
	后果	被告不提供或无正当理由逾期提供证据的，视为被诉行政行为没有相应证据。但是，被诉行政行为涉及第三人合法权益，第三人提供证据的除外。
原告或第三人	一般期限	在开庭审理前或法院指定的交换证据清单之日。
	延期提供	因正当理由申请延期提供证据的，经法院准许，可在法庭调查中提供。
	后果	逾期提供证据的，须说明理由，否则视为放弃举证权利。

[万能金句] 被告应当在收到起诉状副本之日起15日内，提供作出被诉行政行为的证据。被告不提供或无正当理由逾期提供证据的，视为被诉行政行为没有相应证据。但是，被诉行政行为涉及第三人合法权益，第三人提供证据的除外。

[法条链接]《行政诉讼法》第34条、第36条第1款、第67条第1款；《行诉解释》第

34条、第35条第1款；《行政许可案件规定》第8条第1款。

2. 特殊情况

被告在一审中补充证据	原告或第三人提出其在行政处理程序中没有提出的理由或证据的，经法院准许，被告可在一审中补充相应的证据。
二审或再审中可提供的"新的证据"	在一审中应准予延期提供而未获准许的证据。
	当事人在一审中依法申请调取而未获准许或未取得，法院在二审中调取的证据。
	原告或第三人提供的在举证期限届满后发现的证据。

注意：二审中的"新证据"：不是一审没有提供的证据在二审中提供都可作为"新证据"，能作为"新证据"的只有由于当事人主观以外的原因（客观原因、一审法院的原因等正当事由）而未能在一审中提供的证据。

万能金句 原告或第三人提出其在行政处理程序中没有提出的理由或证据的，经法院准许，被告可在一审中补充相应的证据。

法条链接《行政诉讼法》第36条第2款；《行政诉讼证据规定》第52条。

考点 26 行政复议和行政诉讼的证据调取

命题角度分析

在案例分析题中主要考查行政复议中复议机关调查证据的要求及行政诉讼中法院调取证据的情形，特别是对法院调取证据的限制。

（一）行政复议证据的调取

行政复议机关有权向有关单位和个人调查取证，查阅、复制、调取有关文件和资料，向有关人员进行询问。调查取证时，行政复议人员不得少于2人，并应当出示行政复议工作证件。

万能金句 行政复议机关调查取证时，行政复议人员不得少于2人，并应当出示行政复议工作证件。

法条链接《行政复议法》第45条第1、2款。

（二）行政诉讼证据的调取

法院调取证据可分为依职权调取和依申请调取两种情形。

依职权调取	(1) 涉及国家利益、公共利益或者他人合法权益的事实认定的证据； (2) 涉及依职权追加当事人、中止诉讼、终结诉讼、回避等程序性事项的证据。
依申请调取 （原告或第三人）	(1) 由国家有关部门保存而须由法院调取的证据； (2) 涉及国家秘密、商业秘密、个人隐私的证据； (3) 确因客观原因不能自行收集的其他证据。

万能金句 法院有权向有关行政机关以及其他组织、公民调取证据。但是，不得为证明行政行为的合法性调取被告作出行政行为时未收集的证据。

法条链接《行政诉讼法》第40、41条；《行政诉讼证据规定》第22条。

考点27　行政复议中规范性文件的附带审查

命题角度分析

在案例分析题中主要考查行政复议中附带审查的条件和程序，特别是复议机关的处理程序。案例分析题中一般会这样提问：某公民或者某组织能否请求行政复议机关一并审查某规范性文件的合法性？行政复议机关对该规范性文件如何处理？

（一）申请人申请审查

1. 申请人认为行政机关的行政行为所依据的国务院部门的规范性文件（不含部门规章），县级以上地方各级政府及其工作部门的规范性文件（不含地方政府规章），乡、镇政府的规范性文件，法律、法规、规章授权的组织的规范性文件不合法，在对行政行为申请行政复议时，可以一并向行政复议机关提出对该规范性文件的附带审查申请。

2. 申请人在对行政行为提出行政复议申请时尚不知道该行政行为所依据的规范性文件的，可以在行政复议机关作出行政复议决定前提出对该规范性文件的审查申请。

（二）行政复议机关处理

行政复议的附带审查有两种情形：

1. 行政复议机关依申请对规章以下的规范性文件（不含规章）进行审查处理。

2. 行政复议机关依职权发现依据（包括法律、法规、规章以及规章以下的规范性文件）不合法进行的审查处理。

	申请人一并提出审查申请 （依申请审查规范性文件）	申请人没有一并提出或依法不能提出审查申请（依职权审查依据）
行政复议机关无权处理	应当在7日内转送有权处理的行政机关依法处理。 接受转送的行政机关、国家机关应当自收到转送之日起60日内，将处理意见回复转送的行政复议机关。	应当在7日内转送有权处理的国家机关依法处理。
行政复议机关有权处理	行政复议机构应当自行政复议中止之日起3日内，书面通知规范性文件或者依据的制定机关就相关条款的合法性提出书面答复。制定机关应当自收到书面通知之日起10日内提交书面答复及相关材料。	
	行政复议机构认为必要时，可以要求规范性文件或者依据的制定机关当面说明理由。	
	行政复议机关应当在30日内依法处理。	

续表

	申请人一并提出审查申请（依申请审查规范性文件）	申请人没有一并提出或依法不能提出审查申请（依职权审查依据）
行政复议机关有权处理	行政复议机关认为相关条款合法的，在行政复议决定书中一并告知；认为相关条款超越权限或者违反上位法的，决定停止该条款的执行，并责令制定机关予以纠正。	

> **万能金句**
>
> 1. 申请人认为行政行为所依据的规章以下的规范性文件（不含规章）不合法，在对行政行为申请行政复议时，可以一并向复议机关提出对该规范性文件的审查申请。
> 2. 行政复议机关在对行政行为进行审查时，认为其依据不合法，本机关有权处理的，应当在30日内处理；无权处理的，应当在7日内转送有权机关处理。
> 3. 行政复议机关有权处理有关规范性文件或者依据的，行政复议机构应当自行政复议中止之日起3日内，书面通知制定机关就相关条款的合法性提出书面答复。制定机关应当自收到书面通知之日起10日内书面答复。
> 4. 行政复议机关有权处理有关规范性文件或者依据，认为相关条款合法的，在行政复议决定书中一并告知；认为相关条款不合法的，决定停止该条款的执行，并责令制定机关予以纠正。
>
> **法条链接**《行政复议法》第13、56~60条；《行政复议法实施条例》第26条。

考点28 行政诉讼中规范性文件的附带审查

> **命题角度分析**
>
> 在案例分析题中主要考查行政诉讼中附带审查规范性文件的条件和程序，特别是对规范性文件不合法的处理。案例分析题中一般会这样提问：某公民或者某组织能否请求法院一并审查某规范性文件的合法性？法院对该规范性文件如何处理？

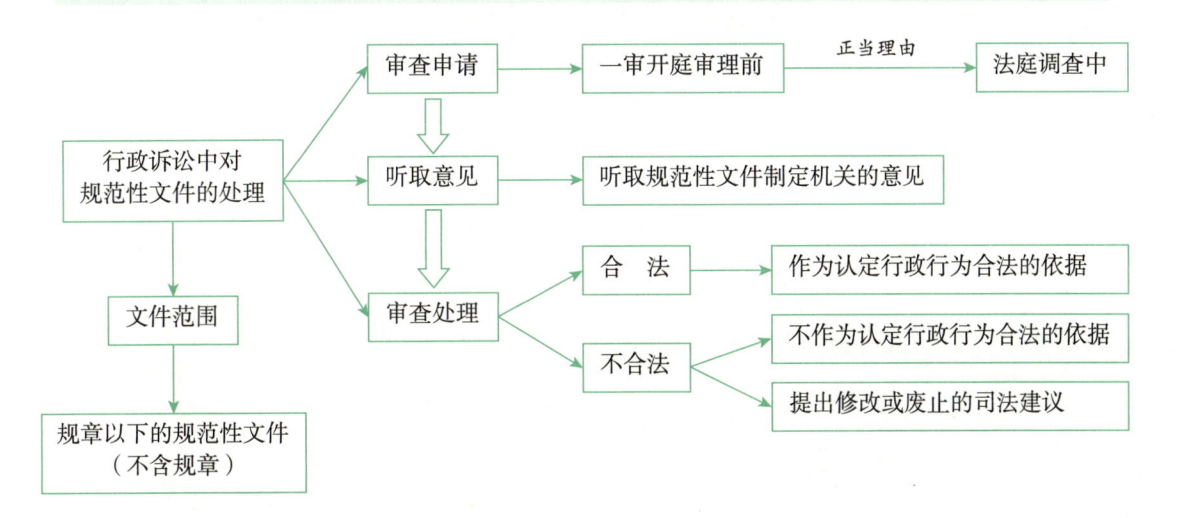

行政诉讼中对规范性文件的处理：
- 审查申请 → 一审开庭审理前 —（正当理由）→ 法庭调查中
- 听取意见 → 听取规范性文件制定机关的意见
- 审查处理：
  - 合法 → 作为认定行政行为合法的依据
  - 不合法 → 不作为认定行政行为合法的依据；提出修改或废止的司法建议
- 文件范围 → 规章以下的规范性文件（不含规章）

⚠️ **注意**：行政诉讼中附带审查的规范性文件应当是被诉行政行为作出的依据。

万能金句

1. 原告认为行政行为所依据的规章以下的规范性文件（不含规章）不合法，在对行政行为提起诉讼时，可以一并请求法院对该规范性文件进行审查。

2. 原告请求法院一并审查规范性文件，应当在第一审开庭审理前提出；有正当理由的，也可以在法庭调查中提出。

3. 法院在对规范性文件审查过程中，发现规范性文件可能不合法的，应当听取规范性文件制定机关的意见。

4. 法院经审查认为规范性文件合法的，应当作为认定行政行为合法的依据；经审查认为规范性文件不合法的，不作为认定行政行为合法的依据，并在裁判理由中予以阐明。作出生效裁判的法院应当向规范性文件的制定机关提出处理建议，并可以抄送制定机关的同级政府、上一级行政机关、监察机关以及规范性文件的备案机关。

法条链接《行政诉讼法》第53、64条；《行诉解释》第146条，第147条第1款，第149条第1、2款。

专题 7　具体行政行为的合法性与行政救济结案

具体行政行为的合法性判断是行政救济结案的前提，行政救济结案包括行政复议决定与行政诉讼判决，也包括行政赔偿、行政补偿的复议决定和诉讼判决。

考点 29　具体行政行为的合法性

命题角度分析

在案例分析题中主要考查通过具体行政行为的六个合法要件来判断具体行政行为的合法性，特别是对具体行政行为违法的认定。案例分析题中一般会这样提问：请对某行为合法性进行分析。某行为是否合法？若不合法，请说明违法之处。

六个合法要件全部具备才构成具体行政行为的合法，只要缺少任意一个就构成具体行政行为的违法。

（一）行为主体符合法定职权范围

行政机关应当在法定职权范围内作出具体行政行为，这是具体行政行为合法的必要条件之一。法定职权范围包括事务管辖权、级别管辖权和地域管辖权。

[万能金句] 行政机关超越职权作出具体行政行为构成违法。

[注意]：行政处罚的管辖

1. 地域管辖

行政处罚由违法行为发生地的行政机关管辖。法律、行政法规、部门规章另有规定的除外。

2. 级别管辖

行政处罚由县级以上地方政府具有行政处罚权的行政机关管辖。法律、行政法规另有规定的除外。

省、自治区、直辖市根据当地实际情况，可以决定将基层管理迫切需要的县级政府部门的行政处罚权交由能够有效承接的乡镇政府、街道办事处行使。

[法条链接]《行政处罚法》第22、23条，第24条第1款。

（二）事实证据确凿

具体行政行为应当具备事实依据——证据。行政机关应当在确凿的事实证据的基础上作出具体行政行为，这是具体行政行为合法的必要条件之一。

[万能金句] 行政机关作出具体行政行为时缺乏必要证据或者主要证据不足，构成具体行政行为违法。

[注意]：行政处罚的证据

1. 全过程记录

行政机关应当依法以文字、音像等形式，对行政处罚的启动、调查取证、审核、决定、送达、执行等进行全过程记录，归档保存。

2. 利用电子技术监控设备收集证据

行政机关依照法律、行政法规规定利用电子技术监控设备收集、固定违法事实的，应当经过法制和技术审核，确保电子技术监控设备符合标准、设置合理、标志明显，设置地点应当向社会公布。

电子技术监控设备记录违法事实应当真实、清晰、完整、准确。行政机关应当审核记录内容是否符合要求；未经审核或者经审核不符合要求的，不得作为行政处罚的证据。

行政机关应当及时告知当事人违法事实，并采取信息化手段或者其他措施，为当事人查询、陈述和申辩提供便利。

[法条链接]《行政处罚法》第41、47条。

（三）适用法律、法规正确

具体行政行为应当具备法律依据——适用法律、法规正确。行政机关应当在正确适用法律、法规的基础上作出具体行政行为，这是具体行政行为合法的必要条件之一。

[万能金句] 行政机关作出具体行政行为时错误地适用了法律、法规，构成具体行政行为违法。

（四）符合法定程序

法定程序是行政机关作出具体行政行为应当遵循的步骤、顺序、方式和时限。符合法定程序是具体行政行为合法的必要条件之一。

[万能金句] 行政机关遗漏程序步骤、颠倒顺序、超越时限以及违反法定行为方式等作出具体行政行为构成违法。

（五）行为主体不滥用职权

滥用职权属于实质违法，如行政机关在作出具体行政行为时考虑不正当的法外因素或者同等情况不同处理等。行为主体不得滥用职权，这是具体行政行为合法的必要条件之一。

[万能金句] 行政机关滥用职权构成具体行政行为违法。

（六）无明显不当

明显不当，是指具体行政行为明显不合理，行政机关行使行政裁量权作出的具体行政行为明显逾越了合理性的限度。无明显不当是具体行政行为合法的必要条件之一。

[万能金句] 行为明显不当构成具体行政行为违法。

[注意]：行政机关滥用职权是从主观的角度来认定具体行政行为的违法，行为明显不当是从结果的角度来认定具体行政行为的违法。

[法条链接]《行政复议法》第64、68条；《行政诉讼法》第69、70条。

考点30 ▶▶ 行政复议决定

> **命题角度分析**
>
> 　　在案例分析题中主要考查行政复议中六种复议决定的适用条件，特别是区分程序性驳回复议申请决定和实体性驳回复议申请决定。案例分析题中一般会这样提问：行政复议机关应当作出何种复议决定？本案适用何种复议决定？

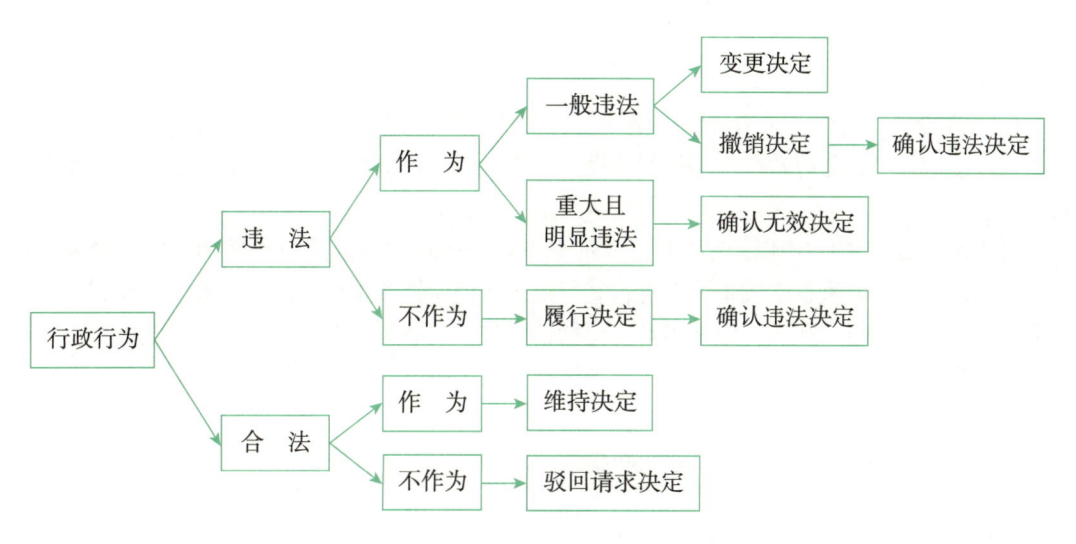

```
                                      ┌─ 变更决定
                           ┌─ 一般违法 ─┤
                           │          └─ 撤销决定 ── 确认违法决定
                 ┌─ 作为 ──┤
          ┌─ 违法┤         └─ 重大且明显违法 ── 确认无效决定
          │     │
          │     └─ 不作为 ── 履行决定 ── 确认违法决定
行政行为 ──┤
          │     ┌─ 作为 ── 维持决定
          └─ 合法┤
                └─ 不作为 ── 驳回请求决定
```

复议决定种类	适用情形
变更决定	（1）行政行为事实清楚，证据确凿，适用依据正确，程序合法，但是内容不适当； （2）行政行为事实清楚，证据确凿，程序合法，但是未正确适用依据； （3）行政行为事实不清、证据不足，经行政复议机关查清事实和证据。 **注意**：行政复议机关不得作出对申请人更为不利的变更决定，但是第三人提出相反请求的除外。
撤销决定	（1）行政行为主要事实不清、证据不足； （2）行政行为违反法定程序； （3）行政行为适用的依据不合法； （4）超越职权或者滥用职权作出行政行为。
履行决定	被申请人不履行法定职责。
确认违法决定	（1）行政行为依法应予撤销，但是撤销会给国家利益、社会公共利益造成重大损害； （2）行政行为程序轻微违法，但是对申请人权利不产生实际影响； （3）行政行为违法，但是不具有可撤销内容。

续表

复议决定种类	适用情形
确认违法决定	(4) 被申请人改变原违法行政行为，申请人仍要求撤销或者确认该行政行为违法； (5) 被申请人不履行或者拖延履行法定职责，责令履行没有意义。
确认无效决定	行政行为有实施主体不具有行政主体资格或者没有依据等重大且明显违法情形，申请人申请确认行政行为无效。
维持决定	行政行为认定事实清楚，证据确凿，适用依据正确，程序合法，内容适当。
驳回请求决定	行政复议机关受理申请人认为被申请人不履行法定职责的行政复议申请后，发现被申请人没有相应法定职责或者在受理前已经履行法定职责。

[万能金句]

1. 行政复议机关作出撤销决定的情形有：①行政行为主要事实不清、证据不足；②行政行为违反法定程序；③行政行为适用的依据不合法；④行政机关超越职权或者滥用职权作出行政行为。

2. 行政复议机关作出确认违法决定的情形有：①行政行为依法应予撤销，但是撤销会给国家利益、社会公共利益造成重大损害；②行政行为程序轻微违法，但是对申请人权利不产生实际影响；③行政行为违法，但是不具有可撤销内容；④被申请人改变原违法行政行为，申请人仍要求撤销或者确认该行政行为违法；⑤被申请人不履行或者拖延履行法定职责，责令履行没有意义。

[法条链接]《行政复议法》第63~69条。

考点31 行政诉讼一审判决

[命题角度分析]

在案例分析题中主要考查行政诉讼一审判决的适用条件，特别是确认违法判决的适用情形。案例分析题中一般会这样提问：法院如何判决？本案适用何种判决？

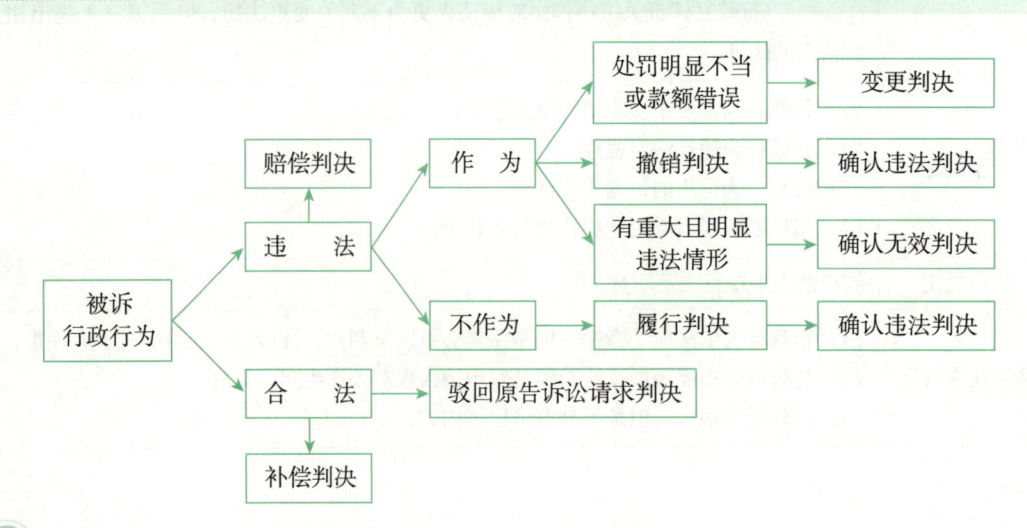

```
                                    ┌─ 处罚明显不当 ─→ 变更判决
                                    │  或款额错误
                  ┌─ 赔偿判决  ┌─ 作为 ─┼─ 撤销判决 ─→ 确认违法判决
                  │          │        │
                  │          │        └─ 有重大且明显 ─→ 确认无效判决
         ┌─ 违法 ─┤          │           违法情形
被诉     │        │          │
行政行为 ┤        │          └─ 不作为 ─→ 履行判决 ─→ 确认违法判决
         │        │
         ├─ 合法 ─→ 驳回原告诉讼请求判决
         │
         └─ 补偿判决
```

1. 撤销判决

法院可以适用撤销判决的情形：①行政行为主要证据不足；②行政行为适用法律、法规错误；③行政行为违反法定程序；④行政机关超越职权作出行政行为；⑤行政机关滥用职权作出行政行为；⑥行政行为明显不当。每一种情形都构成法院撤销判决的独立理由。

[法条链接]《行政诉讼法》第 70 条。

2. 履行判决

履行判决的适用情形：①被告不履行法定职责；②被告依法负有给付义务。

[法条链接]《行政诉讼法》第 72、73 条；《行诉解释》第 91、93 条；《行政许可案件规定》第 12 条；《政府信息公开案件规定》第 9 条第 2~4 款、第 10 条。

3. 变更判决

变更判决的适用范围：①行政处罚明显不当；②其他行政行为涉及对款额的确定、认定确有错误。

注意：变更判决的适用限制

原则上只能减轻不能加重，即不得加重原告的义务或者减损原告的权益。但利害关系人同为原告，且诉讼请求相反的除外。

[法条链接]《行政诉讼法》第 77 条。

4. 驳回原告诉讼请求判决

驳回原告诉讼请求判决，是指法院认为被诉行政行为合法或者原告申请被告履行法定职责或者给付义务理由不成立的，直接作出否定原告诉讼请求的一种判决形式。

[法条链接]《行政诉讼法》第 69 条；《行政许可案件规定》第 10 条；《政府信息公开案件规定》第 12 条。

5. 确认违法判决

确认违法判决，是指法院认为被诉行政行为违法，并作出判定的一种判决形式。其适用的具体情形有：①行政行为依法应当撤销，但撤销会给国家利益、社会公共利益造成重大损害的；②行政行为程序轻微违法，但对原告权利不产生实际影响的；③行政行为违法，但不具有可撤销内容的；④被告改变原违法行政行为，原告仍要求确认原行政行为违法的；⑤被告不履行或者拖延履行法定职责，判决履行没有意义的。

[法条链接]《行政诉讼法》第 74、76 条；《行政许可案件规定》第 10 条；《政府信息公开案件规定》第 11 条第 1 款。

6. 确认无效判决

确认无效判决，是指原告申请确认行政行为无效，法院认为行政行为有重大且明显违法等情形，进而确认行政行为无效的判决形式。其适用的具体情形有：

（1）行政行为的实施主体不具有行政主体资格；

（2）减损权利或者增加义务的行政行为没有法律规范依据；

（3）行政行为的内容客观上不可能实施；

（4）其他重大且明显违法的情形。

❗ **注意**：行政处罚无效的两种情形

（1）行政处罚没有依据或者实施主体不具有行政主体资格的；

（2）违反法定程序构成重大且明显违法的。

法条链接《行政诉讼法》第75、76条；《行诉解释》第99条；《行政处罚法》第38条。

万能金句

1. 法院作出撤销判决的情形有：①行政行为主要证据不足的；②行政行为适用法律、法规错误的；③行政行为违反法定程序的；④行政机关超越职权作出行政行为的；⑤行政机关滥用职权作出行政行为的；⑥行政行为明显不当的。

2. 法院作出确认违法判决的情形有：①行政行为依法应当撤销，但撤销会给国家利益、社会公共利益造成重大损害的；②行政行为程序轻微违法，但对原告权利不产生实际影响的；③行政行为违法，但不具有可撤销内容的；④被告改变原违法行政行为，原告仍要求确认原行政行为违法的；⑤被告不履行或者拖延履行法定职责，判决履行没有意义的。

考点32 行政赔偿的构成

📝 **命题角度分析**

在案例分析题中主要考查行政赔偿责任的构成要件，特别是区分行政赔偿与行政补偿的适用条件。案例分析题中一般会这样提问：某行政机关是否承担赔偿责任？某行政机关是否承担补偿责任？

行政赔偿，是指行政机关及其工作人员在行使职权过程中违法侵犯公民、法人或其他组织的合法权益并造成损害，国家对此承担的赔偿责任。行政补偿，是指行政机关合法行使职权造成公民、法人或其他组织的合法权益损害，国家对此承担的补救责任。

行政赔偿与行政补偿的区别：①二者的引发原因不同。行政赔偿是违法行为或有过错等特别行为引起的，而行政补偿是合法行为引起的。②二者的性质不同。行政赔偿是普通情况下的行政违法行为或过错行为等引起的法律责任，而行政补偿是例外的特定民事责任，并不存在对行政职权行为的责难。

万能金句 行政赔偿的构成需要同时满足下面四个要件：

1. 加害行为是与行使行政职权有关的行为，应与个人行为区分开来。

2. 加害行为可以是作为，也可以是不作为。作为违法可能造成损害，不作为违法也可能造成损害。

3. 加害行为不具有合法性，造成损害的加害行为应该是违法行为或者非法行为。

4. 损害后果要求被侵权人的人身、财产遭受实际损害。

❗ **注意**：

1. 由于第三人行为造成公民、法人或者其他组织损害，第三人赔偿不足、无力承担赔偿责任或者下落不明，行政机关又未尽保护、监管、救助等法定义务的，应当根据行政机关未尽法定义务在损害发生和结果中的作用大小，确定其承担相应的行政赔偿责任。

2. 由于不可抗力等客观原因造成公民、法人或者其他组织损害，行政机关不依法履行、拖延履行法定义务导致未能及时止损或者损害扩大的，应当根据行政机关不依法履行、拖延履行法定义务行为在损害发生和结果中的作用大小，确定其承担相应的行政赔偿责任。

[万能金句] 受害人的损失已经通过行政补偿等其他途径获得充分救济的，行政机关不再承担赔偿责任。

[法条链接]《国家赔偿法》第 3~5 条；《行诉解释》第 97、98 条；《行政赔偿案件规定》第 1、24、25、32 条。

专题 8 　行政协议诉讼

行政协议具有行政性和协议性。在行政协议诉讼中，行政性行为适用行政法律规范和行政诉讼规则，协议性行为适用民事法律规范和民事诉讼规则。

命题角度分析

> 在案例分析题中主要考查行政协议诉讼的受案范围，以及如何确定原告、被告、管辖法院、起诉期限、举证责任，如何判决。案例分析题中一般会这样提问：请对某协议的法律性质进行分析。某公民或某组织对某协议提起的诉讼是否属于行政诉讼受案范围？请对某公民或某组织对某协议提起诉讼的性质进行分析。如何确定本案的原告？如何确定本案的被告？如何确定本案的管辖法院？如何确定本案的起诉期限？本案能否适用调解？本案的举证责任如何分配？本案能否适用民事法律规范和民事诉讼法？本案如何判决？

考点 33 ▶▶ 行政协议的判断

行政协议，是指行政机关为了实现行政管理或者公共服务目标，与公民、法人或者其他组织协商订立的具有行政法上权利义务内容的协议。

行政协议包括四个要素：①主体要素，即一方当事人必须为行政机关；②目的要素，即必须是为了实现行政管理或者公共服务目标；③内容要素，即协议内容必须具有行政法上的权利义务内容；④意思要素，即协议双方当事人必须协商一致。

[万能金句] 行政协议是为了实现行政管理或者公共服务目标而订立的协议。

[注意]：行政机关签订的协议并非都属于行政协议。行政机关之间因公务协助等事由而订立的协议、行政机关与其工作人员订立的劳动人事协议由于不是公民、法人和其他组织与行政机关协商订立的协议，因此不属于行政协议。

[法条链接]《行政协议案件规定》第1、3条。

考点 34 ▶▶ 行政协议诉讼的受案范围

公民、法人或者其他组织认为行政机关不依法履行、未按照约定履行或者违法变更、解除行政协议产生的争议属于行政诉讼受案范围，行政协议订立时的缔约过失，协议成立与否，协议有效无效，撤销、终止行政协议，请求继续履行行政协议，采取相应的补救措施，请求行政赔偿和行政补偿责任以及行政机关监督、指挥、解释等行为产生的行政争议也属于行政诉讼受案范围。

[万能金句]
1. 该行为属于行政协议行为，公民、法人或者其他组织对该行为提起诉讼的，属于行政诉讼受案范围。
2. 行政机关认为公民、法人或者其他组织不履行、未按照约定履行行政协议而提起诉讼的，不属于行政诉讼受案范围，行政机关可以申请法院强制执行。

[法条链接]《行政协议案件规定》第2、24条。

考点35 行政协议诉讼的原告、被告和管辖法院

（一）原告

行政协议案件中的原告一般是行政协议的相对人，行政协议的利害关系人也具有原告资格。

[例1] 公平竞争权人的原告资格。在参与招标、拍卖、挂牌等竞争性活动时，认为行政机关应当依法与其订立行政协议但行政机关拒绝订立，或者认为行政机关与他人订立行政协议损害其合法权益的公民、法人或者其他组织，有权提起行政诉讼。

[例2] 用益物权人、公房承租人的原告资格。认为征收征用补偿协议损害其合法权益的被征收征用土地、房屋等不动产的用益物权人、公房承租人，有权提起行政诉讼。

[万能金句] 某公民或者某组织属于行政协议的公平竞争权人、用益物权人、公房承租人，与行政协议具有利害关系，有权提起行政诉讼。

[法条链接]《行政协议案件规定》第5条。

（二）被告

委托的行政机关	因行政机关委托的组织订立的行政协议发生纠纷的，委托的行政机关是被告。
不得反诉	法院受理行政协议案件后，被告不得就该协议的订立、履行、变更、终止等提起反诉。

[万能金句] 因行政机关委托的组织订立的行政协议发生纠纷提起的行政诉讼，委托的行政机关是被告。行政协议诉讼中，被告不得反诉。

[法条链接]《行政协议案件规定》第4条第2款、第6条。

（三）管辖法院

行政协议案件中，当事人书面协议约定选择被告所在地、原告所在地、协议履行地、协议订立地、标的物所在地等与争议有实际联系地点的法院管辖的，法院从其约定，但违反级别管辖和专属管辖的除外。

[万能金句]
1. 原则上行政协议约定仲裁条款的，该条款无效。
2. 行政协议案件中，当事人可以书面协议约定选择与行政协议争议有实际联系地点的法院管辖。但约定的管辖法院违反级别管辖和专属管辖的，约定无效。

法条链接 《行政协议案件规定》第7、26条。

考点 36　行政协议诉讼的程序

（一）起诉期限

公民、法人或者其他组织对行政机关不依法履行、未按照约定履行行政协议提起诉讼的，诉讼时效参照民事法律规范确定；对行政机关变更、解除行政协议等行政行为提起诉讼的，起诉期限依照《行政诉讼法》及其司法解释确定。

万能金句

1. 公民、法人或者其他组织起诉行政机关不依法履行、未按照约定履行行政协议的，适用民事法律规范规定的诉讼时效。

2. 公民、法人或者其他组织起诉行政机关变更、解除行政协议等行政行为的，适用行政诉讼的起诉期限。

法条链接 《行政协议案件规定》第25条。

（二）调解

行政协议案件可以依法进行调解，应当遵循自愿、合法原则，不得损害国家利益、社会公共利益和他人合法权益。

万能金句 法院审理行政协议案件可以进行调解。

法条链接 《行政协议案件规定》第23条。

考点 37　行政协议诉讼的举证责任和法律适用

（一）举证责任

案件情形	举证主体	举证内容
被告订立、履行、变更、解除行政协议	被告	对自己具有法定职权、履行法定程序、履行相应法定职责以及订立、履行、变更、解除行政协议等行为的合法性承担举证责任
原告主张撤销、解除行政协议	原告	对撤销、解除行政协议的事由承担举证责任
对行政协议是否履行发生争议	负有履行义务的当事人	对履行义务承担举证责任

万能金句 行政协议诉讼被告对自己具有法定职权、履行法定程序、履行相应法定职责以及订立、履行、变更、解除行政协议等行为的合法性承担举证责任。

法条链接 《行政协议案件规定》第10条。

（二）法律适用

1. 民事法律规范适用

法院审理行政协议案件，可以参照适用民事法律规范关于民事合同的相关规定。当事人依据民事法律规范的规定行使履行抗辩权的，法院予以支持。

2. 民事诉讼法的适用

法院审理行政协议案件，应当适用《行政诉讼法》的规定；《行政诉讼法》没有规定的，参照适用《民事诉讼法》的规定。

万能金句 法院审理行政协议案件，可以参照适用民事法律规范；《行政诉讼法》没有规定的，参照适用《民事诉讼法》的规定。

法条链接《行政协议案件规定》第18、27条。

考点38 行政协议诉讼的判决

案件类型	判决类型	适用情形
行政性行为的判决	驳回诉讼请求判决（补偿判决）	在履行行政协议过程中，可能出现严重损害国家利益、社会公共利益的情形，被告作出变更、解除协议的行政行为后，原告请求撤销该行为，法院经审理认为该行为合法的，判决驳回原告诉讼请求；给原告造成损失的，判决被告予以补偿
	撤销判决	被告行使行政优益权的行政行为违法，法院判决撤销或者部分撤销，并可以责令被告重新作出行政行为
	履行判决	被告行使行政优益权的行政行为违法，法院可以判决被告继续履行协议、采取补救措施；给原告造成损失的，判决被告予以赔偿
	补偿判决	被告或者其他行政机关因国家利益、社会公共利益的需要依法行使行政职权，导致原告履行不能、履行费用明显增加或者遭受损失，原告请求判令被告给予补偿的，法院应予支持
行政协议效力的判决	确认无效	行政协议存在重大且明显违法情形的，法院应当确认行政协议无效；法院可以适用民事法律规范确认行政协议无效
	确认有效	行政协议无效的原因在一审法庭辩论终结前消除的，法院可以确认行政协议有效
	确定协议不发生效力（赔偿判决）	法律、行政法规规定应当经过其他机关批准等程序后生效的行政协议，在一审法庭辩论终结前未获得批准的，法院应当确认该协议不发生效力；行政协议约定被告负有履行批准程序等义务而被告未履行，原告要求被告承担赔偿责任的，法院应予支持（被告的缔约过失责任）
	撤销协议	原告认为行政协议存在胁迫、欺诈、重大误解、显失公平等情形而请求撤销，法院经审理认为符合法律规定的可撤销情形的，可以依法判决撤销该协议
	解除协议	原告请求解除行政协议，法院认为符合约定或者法定解除情形且不损害国家利益、社会公共利益和他人合法权益的，可以判决解除该协议

续表

案件类型	判决类型	适用情形
行政违约行为的判决	履行判决	被告未依法履行、未按照约定履行行政协议的，法院可以依法判决被告继续履行，并明确继续履行的具体内容；被告无法履行或者继续履行无实际意义的，法院可以判决被告采取相应的补救措施；给原告造成损失的，判决被告予以赔偿
	赔偿判决	原告要求按照约定的违约金条款或者定金条款予以赔偿的，法院应予支持；被告明确表示或者以自己的行为表明不履行行政协议义务，原告在履行期限届满之前向法院起诉请求其承担违约责任的，法院应予支持

万能金句

1. 被告变更、解除协议的行政行为合法的，法院判决驳回原告诉讼请求；给原告造成损失的，判决被告予以补偿。

2. 被告变更、解除协议的行政行为违法的，法院判决撤销，也可以判决继续履行协议、采取补救措施；给原告造成损失的，判决被告予以赔偿。

法条链接《行政协议案件规定》第 12~14、16、17、19~22 条。

专题 9　先行政复议后行政诉讼的处理

先行政复议后行政诉讼是案例分析题中最为常见的案情，涉及行政复议与行政诉讼的程序关系，行政诉讼的起诉期限、被告、管辖法院、举证责任、判决以及国家赔偿中的行政赔偿义务机关等。

命题角度分析

> 在案例分析题中主要考查行政诉讼中复议前置的适用情形，经复议案件如何确定行政诉讼被告、行政赔偿义务机关和管辖法院，如何判决，以及复议维持案件如何确定举证责任。案例分析题中一般会这样提问：某公民或者某组织提起行政诉讼前是否应当先申请行政复议？如何确定本案的起诉期限？如何确定本案的被告？如何确定本案的赔偿义务机关？如何确定本案的管辖法院？某行为的举证责任由谁承担？法院如何判决？

考点 39　行政复议与行政诉讼的程序关系

（一）程序处理

行政诉讼与行政复议的关系，以当事人自由选择救济途径为原则，以行政复议前置为例外。

1. 原则上，公民、法人或者其他组织对行政行为不服，有权自由选择救济途径，可以先向行政机关申请复议，也可以直接向法院提起行政诉讼；选择行政复议的，当事人对行政复议不服，仍可以再向法院起诉。

2. 例外：公民、法人或者其他组织对行政行为不服，必须先申请行政复议，对行政复议不服，才能向法院起诉。在此情况下，行政复议是行政诉讼的必经程序，复议程序是诉讼程序的前置程序。复议前置属行政复议与行政诉讼关系的例外，必须由法律、行政法规作出规定。这主要涉及四类案件：①对当场作出的行政处罚决定不服的案件；②对行政机关作出的侵犯其已经依法取得的自然资源的所有权或者使用权的决定不服的案件；③认为行政机关存在未履行法定职责情形的案件；④申请政府信息公开，行政机关不予公开的案件。属于行政复议前置的案件，行政机关在作出行政行为时应当告知公民、法人或者其他组织先向行政复议机关申请行政复议。

万能金句　当事人对当场处罚，自然资源所有权、使用权确认，行政不作为，政府信息依申请不公开提起行政诉讼前，应当先申请行政复议。

法条链接　《行政诉讼法》第 44 条；《行政复议法》第 23 条。

（二）起诉期限

不服行政复议决定（包括复议维持和复议改变）而起诉的一般期限为 15 日，即在收到复议决定书之日起 15 日内向法院提起诉讼；若复议机关逾期不作决定，则当事人可以在复议期满之日起 15 日内向法院提起诉讼。法律另有规定的除外。

[万能金句] 申请人不服行政复议决定的，可以自收到复议决定书之日起 15 日内起诉；复议机关不作为的，申请人可以自复议期满之日起 15 日内起诉。

[法条链接]《行政诉讼法》第 45 条。

考点 40　行政诉讼被告与行政赔偿义务机关

（一）行政诉讼被告

经过复议的案件有两种情形：复议不作为和复议作为。确定经复议案件的被告的关键在于诉什么行为。

1. 行政复议不作为案件

行政复议不作为案件的被告，由原告选择被诉行为后，根据被诉行为确定。因此，在复议不作为案件中，由原告选择被告：①原告认为复议机关不履行法定复议职责，诉复议机关不作为的，被告是复议机关；②原告诉原行政行为的，被告是原行为机关。

2. 行政复议作为案件

行政复议作为案件中，行政复议决定有两种情形：复议改变决定和复议维持决定。原告提起行政诉讼时，被诉行政行为不是由原告选择，被告也不是由原告选择：①复议改变的，原告只能诉复议改变决定，不能诉原行政行为，被告是复议机关，不能是原行为机关。②复议维持的，原告既要诉原行政行为，又要诉复议维持决定，原行为机关和复议机关为共同被告。注意，这里的被告必须是共同被告。原告只起诉原行为机关或者复议机关的，法院应当告知原告追加被告。原告不同意追加的，法院应当将另一机关列为共同被告。

⊙注意：复议改变案件、复议维持案件、复议不作为案件的区分

案件类型		具体情形
复议作为案件	复议改变案件	（1）复议机关改变原行政行为的处理结果 （2）复议机关确认原行政行为违法（以违反法定程序为由确认原行政行为违法的除外） （3）复议机关确认原行政行为无效
	复议维持案件	（1）复议机关改变原行政行为所认定的主要事实和证据、改变原行政行为所适用的规范依据，但未改变原行政行为处理结果 （2）复议机关以违反法定程序为由确认原行政行为违法 （3）行政复议决定既有维持原行政行为内容，又有改变原行政行为内容或者不予受理申请内容 （4）复议机关驳回复议请求（实体性驳回）

案件类型	具体情形
复议不作为案件	复议机关以复议申请不符合受理条件为由驳回复议申请（程序性驳回）

[万能金句]

1. 经复议的案件，复议机关决定维持原行政行为的，作出原行政行为的行政机关和复议机关是共同被告；复议机关改变原行政行为的，复议机关是被告。复议机关在法定期限内未作出复议决定，公民、法人或者其他组织起诉原行政行为的，作出原行政行为的行政机关是被告；起诉复议机关不作为的，复议机关是被告。

2. 复议机关改变原行政行为的处理结果，属于复议改变案件；复议机关改变原行政行为所认定的主要事实和证据、改变原行政行为所适用的规范依据，但未改变原行政行为处理结果，属于复议维持案件。

3. 复议机关确认原行政行为违法，属于复议改变案件；复议机关以违反法定程序为由确认原行政行为违法，属于复议维持案件。

4. 行政复议决定既有维持原行政行为内容，又有改变原行政行为内容，属于复议维持案件。

[法条链接]《行政诉讼法》第 26 条第 2、3 款；《行诉解释》第 22、133 条，第 134 条第 1、2 款。

（二）行政赔偿义务机关

一般情况下，行政诉讼被告与行政赔偿义务机关是一致的，但经过复议的行政诉讼案件的被告与行政赔偿义务机关完全不同。

1. 复议维持：行政诉讼中，原行为机关与复议机关为共同被告。行政赔偿中，原行为机关为赔偿义务机关。

2. 复议改变：行政诉讼中，复议机关为被告。行政赔偿中，复议减轻损害的，原行为机关为赔偿义务机关；复议加重损害的，原行为造成的损害部分由原行为机关赔偿，复议行为加重的损害部分由复议机关赔偿。复议机关与原行为机关不是共同赔偿义务机关，二者之间不负连带责任。

[万能金句]

1. 复议维持案件：原行为机关为赔偿义务机关。

2. 复议改变案件：复议减轻损害的，原行为机关为赔偿义务机关；复议加重损害的，原行为造成的损害部分由原行为机关赔偿，复议行为加重的损害部分由复议机关赔偿。

[法条链接]《国家赔偿法》第 8 条。

考点41 行政诉讼管辖

（一）级别管辖

复议维持案件，作出原行政行为的行政机关和复议机关为共同被告，应以作出原行政行为的行政机关确定案件的级别管辖。

[例] 县公安局的行为经过县政府复议，县政府维持了县公安局的决定。此时，县公安局和县政府为共同被告，应以县公安局确定本案的级别管辖，而不是以县政府确定本案的级别管辖。因此，本案应由基层法院管辖。

[万能金句] 复议维持案件，以原行为机关确定案件的级别管辖。

[法条链接]《行诉解释》第 134 条第 3 款。

（二）地域管辖

经复议的案件由复议机关所在地法院或者原行为机关所在地法院管辖。

1. 复议维持案件，复议机关和原行为机关为共同被告，根据"原告就被告"原则，由复议机关所在地或者原行为机关所在地法院管辖。

[一招制敌] 原行为机关和复议机关为共同被告的，以原行为机关确定案件的级别管辖，但不影响案件的地域管辖，即原行为机关所在地法院和复议机关所在地法院对案件都有管辖权。

2. 复议改变案件，复议机关为被告，既可以由复议机关所在地法院管辖，又可以由原行为机关所在地法院管辖。

[万能金句] 复议维持案件和复议改变案件由复议机关所在地法院管辖或者原行为机关所在地法院管辖。

[法条链接]《行政诉讼法》第 18 条第 1 款。

考点 42 ▶▶ 行政诉讼举证责任

复议维持案件，被诉行政行为是原行政机关作出的行政行为和复议维持决定，原行为机关和复议机关共同对原行政行为合法性承担举证责任，复议机关对复议维持决定的合法性承担举证责任。

[注意]：复议机关作共同被告的案件，复议机关在复议程序中依法收集和补充的证据，可以作为法院认定复议决定和原行政行为合法的依据。

[万能金句] 复议维持案件，原行政行为合法性由原行为机关和复议机关共同举证，复议维持决定合法性由复议机关举证。

[法条链接]《行诉解释》第 135 条第 2、3 款。

考点 43 ▶▶ 行政诉讼判决

（一）经复议案件的审理对象

复议维持还是复议改变直接决定着行政诉讼的审查和裁判对象：复议维持的，复议维持决定和原行政行为是行政诉讼的审查和裁判对象；复议改变的，复议改变决定是行政诉讼的审查和裁判对象，原行政行为不是行政诉讼的审查和裁判对象。

万能金句 复议维持案件，复议维持决定和原行政行为是审理对象；复议改变案件，复议改变决定是审理对象。

（二）经复议案件的判决

案件类型	适用情形	判决类型
复议改变	复议决定改变原行政行为错误	判决撤销复议决定时，可以一并责令复议机关重新作出复议决定或者判决恢复原行政行为的法律效力
	复议决定改变原行政行为正确	判决驳回原告诉讼请求
复议维持	原行政行为（作为）违法、复议决定违法	判决撤销原行政行为，同时判决撤销复议决定
	原行政行为（不作为）违法、复议决定违法	判决作出原行政行为的行政机关履行法定职责或者给付义务，同时判决撤销复议决定
	原行政行为合法、复议决定违法	判决驳回原告对原行政行为的诉讼请求，同时判决撤销复议决定或者确认复议决定违法
	原行政行为合法、复议决定合法	判决驳回原告诉讼请求

注意：原行政行为不符合复议或者诉讼受案范围等受理条件，复议机关作出维持决定的，法院应当裁定一并驳回对原行政行为和复议决定的起诉。

万能金句

1. 复议改变案件：复议决定改变原行政行为错误，法院判决撤销复议决定时，可以一并责令复议机关重新作出复议决定或者判决恢复原行政行为效力；复议决定改变原行政行为正确，法院判决驳回原告诉讼请求。

2. 复议维持案件：原行政行为（作为）违法的，法院判决撤销原行政行为和复议决定；原行政行为（不作为）违法的，法院判决作出原行政行为的行政机关履行法定职责或者给付义务，同时判决撤销复议决定；原行政行为合法、复议决定违法的，法院判决撤销复议决定或者确认复议决定违法，同时判决驳回原告针对原行政行为的诉讼请求；原行政行为合法、复议决定合法的，法院判决驳回原告诉讼请求。

法条链接 《行政诉讼法》第79条；《行诉解释》第89、136条。

专题 10　刑事赔偿与国家赔偿方式

刑事赔偿属于国家赔偿中的司法赔偿。刑事赔偿涉及赔偿范围、赔偿义务机关和赔偿程序。国家赔偿方式是解决行政赔偿和刑事赔偿的赔偿方式、赔偿标准、赔偿费用的问题。

命题角度分析

> 在案例分析题中主要考查刑事赔偿范围和不赔偿的情形，刑事赔偿义务机关的确定，刑事赔偿的程序处理，刑事追偿的对象，侵害人身权和财产权的国家赔偿方式、赔偿标准和赔偿费用。案例分析题中一般会这样提问：本案是否属于国家赔偿范围？本案如何确定赔偿义务机关？本案的赔偿有何程序要求？某公民对赔偿决定不服，能否申请复议或者提起诉讼？人身权损害如何赔偿？某公民提出的精神抚慰金请求能否得到支持？财产权损害如何赔偿？某公民的赔偿请求能否得到支持？

考点 44　刑事赔偿范围

（一）侵犯人身权的刑事赔偿范围

1. 错误刑事拘留

错误刑事拘留包括两种情形：

（1）违法采取刑事拘留措施。这具体包括：①违反《刑事诉讼法》规定的条件采取拘留措施；②违反《刑事诉讼法》规定的程序采取拘留措施。

（2）合法采取刑事拘留措施后终止追究刑事责任。其指行使侦查权的机关采取刑事拘留措施本身合法，但拘留时间超过法定期限，且其后决定撤销案件、不起诉或者判决宣告无罪终止追究刑事责任。

2. 错误逮捕。其指对公民采取逮捕措施后，决定撤销案件、不起诉或者判决宣告无罪终止追究刑事责任。只要公民被逮捕后，刑事司法机关终止追究刑事责任，就视为错误逮捕。

3. 错误判决

国家承担赔偿责任的错判必须同时具备以下三个条件：

（1）法院对无罪的公民判处刑罚。无罪，包括公民没有实施犯罪行为和没有充分确凿的证据证明公民实施了犯罪行为两种情形。

（2）原判刑罚已经执行。在刑罚执行过程中保外就医的，人身自由虽受限制，但实际上未被羁押，此期间国家不负赔偿责任；被判处管制、有期徒刑缓刑、剥夺政治权利等刑罚的公民被依法改判无罪的，国家也不负赔偿责任。但赔偿请求人在判决生效前被羁押的，国家应当承担赔偿责任。

（3）原判决经审判监督程序被撤销并且被告人被宣告无罪。改判必须依据审判监督程序作出，而且被告人必须被改判无罪。

4. 刑讯逼供、殴打和虐待等暴力行为

国家对暴力行为承担赔偿责任必须同时具备以下三个条件：

（1）实施这种暴力侵权行为的主体不限于司法机关的工作人员，也包括受司法机关及其工作人员唆使或放纵的人员；

（2）这种暴力侵权行为必须发生在执行职务的活动过程中，且与职权行使有密切的联系；

（3）此类暴力行为必须造成了公民身体伤害或者死亡的后果。

5. 违法使用武器、警械。司法人员在执行职务中因正当防卫使用武器、警械造成他人伤亡的，国家不予赔偿；正当防卫明显超过必要限度造成重大损害的，国家应予赔偿。

（二）侵犯财产权的刑事赔偿范围

1. 违法对财产采取查封、扣押、冻结、追缴等措施。

2. 依照审判监督程序再审改判无罪，原判罚金、没收财产已经执行。罚金和没收财产产生国家赔偿责任的条件：①判处罚金或者没收财产的判决必须生效，而且已经执行；②生效判决经审判监督程序被撤销，受害人被宣告无罪。如果经审判监督程序，公民仍然被认定为有罪，那么即使原判决被变更，国家也不承担赔偿责任。

（三）国家不承担赔偿责任的情形

1. 因公民自己故意作虚伪供述，或者伪造其他有罪证据被羁押或者被判处刑罚

（1）必须是被害人本人故意作虚伪供述，或者伪造其他有罪证据。

（2）必须是公民自愿作虚伪供述或者伪造证据。因司法机关工作人员的威胁、引诱实施这种行为的，国家应当承担赔偿责任。

2. 法律规定不负刑事责任的人被羁押

实施犯罪行为而不负刑事责任的人包括三类：

（1）犯罪时不满14周岁的人。

注意：恶性事件，经特别程序，刑事责任年龄适当降低至12周岁。

（2）已满14周岁不满16周岁的人，犯故意杀人、故意伤害致人重伤或者死亡、强奸、抢劫、贩卖毒品、放火、爆炸、投放危险物质罪以外的罪行。

（3）不能辨认或控制自己行为的精神病人在不能辨认或控制自己行为的时候犯罪。

3. 依照法律规定不追究刑事责任的人被羁押

依法不负刑事责任的人和依法不追究刑事责任的人被羁押，国家不承担赔偿责任。但是，对起诉后经法院错判拘役、有期徒刑、无期徒刑并已执行的，法院应当对该判决确定后继续监禁期间侵犯公民人身自由权的情形予以赔偿。

4. 司法机关工作人员实施的与行使职权无关的个人行为。

5. 因公民自伤、自残等故意行为致使损害发生。

[万能金句] 错误刑事拘留、错误刑事逮捕、错误刑事判决，国家承担赔偿责任。因公民自己故意作虚伪供述或者伪造有罪证据被羁押或者被判处刑罚的，国家不承担赔偿责任。原则上不负刑事责任的人和不追究刑事责任的人被羁押的，国家不承担赔偿责任。因公民自伤、自残等故意行为致使损害发生的，国家不承担赔偿责任。

[法条链接]《国家赔偿法》第17~19条；《刑事赔偿案件解释》第7条。

考点 45 ▶▶ 刑事赔偿义务机关

刑事赔偿义务机关采取后置确定原则。

1. 违法采取拘留措施，作出拘留决定的机关为赔偿义务机关。

2. 对公民采取逮捕措施后决定撤销案件、不起诉或者判决宣告无罪的，作出逮捕决定的机关为赔偿义务机关。

3. 再审改判无罪的，作出原生效判决的法院为赔偿义务机关。原生效判决为一审判决的，原一审法院为赔偿义务机关；原生效判决为二审判决的，原二审法院为赔偿义务机关。

4. 二审改判无罪，以及二审发回重审后作无罪处理的，作出一审有罪判决的法院为赔偿义务机关。

[万能金句] 错误刑事拘留的，作出拘留决定的机关为赔偿义务机关。错误刑事逮捕的，作出逮捕决定的机关为赔偿义务机关。再审改判无罪的，作出原生效判决的法院为赔偿义务机关。二审改判无罪以及二审发回重审后作无罪处理的，作出一审有罪判决的法院为赔偿义务机关。

[法条链接]《国家赔偿法》第21条第2~4款；《刑事赔偿案件解释》第12条。

考点 46 ▶▶ 刑事赔偿程序

司法赔偿义务机关处理	先行处理	赔偿请求人要求赔偿，应当先向赔偿义务机关提出
司法赔偿复议（法院例外）	申请期限	赔偿请求人30日内申请复议
	决定期限	复议机关应当自收到申请之日起2个月内作出决定
司法赔偿决定（复议机关所在地的同级法院赔偿委员会）	申请期限	赔偿请求人自收到复议决定之日起30日内申请
	审理程序	赔偿委员会由法院3名以上审判员组成；赔偿委员会可以组织赔偿义务机关与赔偿请求人就赔偿方式、赔偿项目和赔偿数额进行协商
	决定期限	应当自收到赔偿申请之日起3个月内作出决定；特殊案件可延长3个月

[注意] 刑事追偿的对象包括：①实施暴力侵权行为造成公民身体伤害或者死亡的工作人员；②违法使用武器或者警械造成公民身体伤害或者死亡的工作人员；③在处理案件中有贪污受贿、徇私舞弊、枉法裁判行为的工作人员。

万能金句

1. 赔偿请求人要求刑事赔偿，应当先向赔偿义务机关提出。赔偿请求人对赔偿义务机关未作出赔偿决定或者作出的赔偿决定不服的，可以自赔偿期限届满之日或者作出赔偿决定之日起30日内向赔偿义务机关的上一级机关申请复议。赔偿义务机关是法院的，赔偿请求人可以向其上一级法院赔偿委员会申请作出赔偿决定。

2. 赔偿义务机关赔偿后，应当向①实施暴力侵权行为造成公民身体伤害或者死亡的工作人员，②违法使用武器或者警械造成公民身体伤害或者死亡的工作人员，③在处理案件中有贪污受贿、徇私舞弊、枉法裁判行为的工作人员追偿部分或者全部赔偿费用。

法条链接《国家赔偿法》第11条，第12条第1、2、4款，第17条第4、5项，第22条第2款，第23~25条，第26条第1款，第27、28条，第31条第1款。

考点 47　国家赔偿方式、赔偿标准和赔偿费用

（一）人身权损害的赔偿

人身权损害的赔偿涉及人身自由权、健康权、生命权、名誉权和荣誉权。

1. 人身自由权损害赔偿

限制、剥夺人身自由的赔偿，按日支付赔偿金，每日赔偿金按照国家上年度职工日平均工资计算，一般以受害人被羁押的时长乘以每日赔偿金额计算。

2. 健康权损害赔偿

（1）造成一般身体伤害的，应当支付医疗费、护理费，以及赔偿因误工减少的收入。减少的收入每日的赔偿金按照国家上年度职工日平均工资计算，最高额为国家上年度职工年平均工资的5倍。

（2）造成严重身体伤害（部分或全部丧失劳动能力）的，应当支付医疗费、护理费、残疾生活辅助具费、康复费等因残疾而增加的必要支出和继续治疗所必需的费用，以及残疾赔偿金。残疾赔偿金最高不超过国家上年度职工年平均工资的20倍。造成全部丧失劳动能力的，对其扶养的无劳动能力的人，还应当支付生活费。

注意：只有造成受害人全部丧失劳动能力，才需对其扶养的无劳动能力的人支付生活费；受害人部分丧失劳动能力的，不存在该项费用。

3. 生命权损害赔偿

造成公民死亡的，应当支付死亡赔偿金、丧葬费。死亡赔偿金和丧葬费是一个固定的数额，总额为国家上年度职工年平均工资的20倍。对死者生前扶养的无劳动能力的人，还应当支付生活费。

注意："上年度"应为赔偿义务机关、复议机关、法院赔偿委员会作出赔偿决定时的上一年度。

4. 名誉权、荣誉权的精神损害赔偿

精神损害是因人身自由权、健康权、生命权受损害所引发的，只要有人身自由权、健

康权、生命权的损害，就有名誉权、荣誉权的损害。精神损害赔偿有两种方式：①为受害人消除影响、恢复名誉、赔礼道歉；②支付精神损害抚慰金。

（1）精神损害严重的认定标准

❶造成精神损害严重后果，具体包括：

第一，无罪或者终止追究刑事责任的人被羁押或者被非法限制人身自由6个月以上；

第二，受害人经鉴定为轻伤以上或者残疾；

第三，受害人经诊断、鉴定为精神障碍或者精神残疾，且与侵权行为或者违法行政行为存在关联；

第四，受害人名誉、荣誉、家庭、职业、教育等方面遭受严重损害，且与侵权行为或者违法行政行为存在关联。

❷造成精神损害特别严重后果，具体包括：

第一，受害人无罪被羁押或者被限制人身自由10年以上；

第二，受害人死亡；

第三，受害人经鉴定为重伤或者残疾一至四级，且生活不能自理；

第四，受害人经诊断、鉴定为严重精神障碍或者精神残疾一至二级，生活不能自理，且与侵权行为或者违法行政行为存在关联。

（2）精神损害抚慰金标准

❶造成严重后果的，精神损害抚慰金一般应当在人身自由赔偿金、生命健康赔偿金总额的50%以下（包括本数）酌定；

❷后果特别严重，或者虽然没有造成特别严重的后果，但是确有证据证明50%以下标准不足以抚慰的，精神损害抚慰金可以在50%以上酌定。

万能金句

1. 侵犯公民人身自由的，每日赔偿金按照国家上年度职工日平均工资计算。

2. 造成身体伤害的，应当支付医疗费、护理费，以及赔偿因误工减少的收入。减少的收入每日的赔偿金按照国家上年度职工日平均工资计算，最高额为国家上年度职工年平均工资的5倍。

3. 造成部分或者全部丧失劳动能力的，应当支付医疗费、护理费、残疾生活辅助具费、康复费等因残疾而增加的必要支出和继续治疗所必需的费用，以及残疾赔偿金。残疾赔偿金最高不超过国家上年度职工年平均工资的20倍。造成全部丧失劳动能力的，对其扶养的无劳动能力的人，还应当支付生活费。

4. 造成死亡的，应当支付死亡赔偿金、丧葬费，总额为国家上年度职工年平均工资的20倍。对死者生前扶养的无劳动能力的人，还应当支付生活费。

5. 侵犯人身自由权、健康权、生命权致人精神损害的，应当为受害人消除影响，恢复名誉，赔礼道歉；造成严重后果的，应当支付精神损害抚慰金。

法条链接《国家赔偿法》第33~35条；《行政赔偿案件规定》第26条；《最高人民法院关于审理国家赔偿案件确定精神损害赔偿责任适用法律若干问题的解释》第7、8条；《刑事赔偿案件解释》第21条第1款。

（二）财产权损害的赔偿

对于财产权损害的赔偿标准是：只赔偿直接损失，不赔偿间接损失。采取的赔偿方式是：能返还财产的，返还财产；能恢复原状的，恢复原状；不能返还财产及不能恢复原状的，给予金钱赔偿。

1. 对罚款、罚金、追缴、没收财产或者违法征收、征用财产造成的损害，采取的赔偿方式是返还财产。返还执行的罚款或者罚金、追缴或者没收的金钱，应一并支付银行同期存款利息。

2. 对查封、扣押、冻结财产造成的损害，采取的赔偿方式是恢复原状，解除对财产的查封、扣押、冻结，造成财产损坏或者灭失的，给付相应的赔偿金。解除冻结的存款或者汇款，应一并支付银行同期存款利息。

3. 对已经损坏且不能恢复原状或者已经灭失的财产，采取金钱赔偿的方式，按照损害程度给付相应的赔偿金：按照损害发生时该财产的市场价格计算损失；市场价格无法确定，或者该价格不足以弥补损失的，可以采用其他合理方式计算。

注意：违法征收、征用土地、房屋的，给予被征收人的行政赔偿不得少于被征收人依法应当获得的安置补偿权益。

4. 对已经拍卖或者变卖的财产，采取金钱赔偿的方式。对已拍卖的财产，给付拍卖所得的价款；对已变卖的财产，给付变卖所得的价款。变卖的价款明显低于财产价值的，应当支付相应的赔偿金。

5. 对吊销许可证和执照、责令停产停业造成的损害，采取金钱赔偿的方式，赔偿停产停业期间必要的经常性费用开支。

必要的经常性费用开支，是指为维系停产停业期间运营所需的基本开支，包括：①必要留守职工的工资；②必须缴纳的税款、社会保险费；③应当缴纳的水电费、保管费、仓储费、承包费；④合理的房屋场地租金、设备租金、设备折旧费；⑤维系停产停业期间运营所需的其他基本开支。

6. 对财产权造成的其他损害，采取金钱赔偿的方式，按照直接损失给予赔偿。

注意：无论是针对人身损害，还是针对财产损害，赔偿请求人聘请律师的费用均不属于国家赔偿项目。

万能金句

1. 对已经损坏且不能恢复原状或者已经灭失的财产，按照损害程度给付相应的赔偿金：按照损害发生时该财产的市场价格计算损失；市场价格无法确定，或者该价格不足以弥补损失的，可以采用其他合理方式计算。

2. 财产已经拍卖或者变卖的，给付拍卖或者变卖所得的价款；变卖的价款明显低于财产价值的，应当支付相应的赔偿金。

3. 吊销许可证和执照、责令停产停业的，赔偿停产停业期间必要的经常性费用开支。

法条链接《国家赔偿法》第32、36条；《行政赔偿案件规定》第27、28条。

第二部分 面批面改

案例 1　国家市场监管总局对某公司行政处罚案

案情：某公司于 1999 年成立，主营业务包括网络零售平台服务、零售及批发商业、物流服务、生活服务、云计算、数字媒体及娱乐、创新业务等。

根据举报，2020 年 12 月起，国家市场监管总局依据《反垄断法》对该公司涉嫌实施滥用市场支配地位行为开展了调查。

2021 年 4 月 6 日，国家市场监管总局按照《行政处罚法》的规定，向该公司送达了《行政处罚告知书》，告知其涉嫌违反《反垄断法》的事实、拟作出的行政处罚决定、理由和依据，以及其依法享有陈述、申辩和要求举行听证的权利。当事人放弃陈述、申辩和要求举行听证的权利。

2021 年 4 月 10 日，国家市场监管总局对该公司作出行政处罚决定。

经查，该公司自 2015 年以来，滥用其在中国境内网络零售平台服务市场的支配地位，禁止平台内经营者在其他竞争性平台开店或者参加促销活动，排除、限制了相关市场竞争，侵害了平台内经营者的合法权益，损害了消费者利益，阻碍了平台经济创新发展，且不具有正当理由，构成《反垄断法》第 17 条（现为第 22 条）第 1 款第 4 项规定的"没有正当理由，限定交易相对人只能与其进行交易"的滥用市场支配地位行为。

根据《反垄断法》第 47、49 条（现为第 57、59 条）的规定，综合考虑该公司违法行为的性质、程度、持续时间和消除违法行为后果的情况，同时考虑当事人能够按照要求深入自查，停止违法行为并积极整改等因素，国家市场监管总局对某公司作出如下处罚决定：

（一）责令停止违法行为。

1. 不得限制平台内经营者在其他竞争性平台开展经营；不得限制平台内经营者在其他竞争性平台的促销活动。

2. 该公司应当自收到行政处罚决定书之日起 15 日内，向国家市场监管总局提交改正违法行为情况的报告。

3. 根据《行政处罚法》坚持处罚与教育相结合的原则，国家市场监管总局结合调查过程中发现的问题，制作《行政指导书》，要求当事人从严格落实平台企业主体责任、加强内控合规管理、保护消费者权益等方面出发进行全面整改，依法合规经营。

（二）对该公司处以其2019年度中国境内销售额4557.12亿的4%的罚款，计182.28亿元。

当事人如对上述行政处理决定不服，可以申请行政复议，或者向人民法院提起行政诉讼。

[案例来源：国家市场监督管理总局行政处罚决定书

（国市监处〔2021〕28号）]

问题：（共27分）

1. 试对"责令停止违法行为"的性质进行分析。（3分）
2. "责令停止违法行为"是否属于行政诉讼受案范围？为什么？（4分）
3. 《行政指导书》是否属于行政诉讼受案范围？为什么？（4分）
4. 若该公司申请听证，根据2021年修订的《行政处罚法》的规定，国家市场监督管理总局是否应当组织听证？若组织听证，有何要求？（6分）
5. 若该公司对处理决定不服，申请行政复议，根据2023年修订的《行政复议法》的规定，如何确定复议申请期限？如何确定复议机关？（5分）
6. 若该公司对处理决定不服，提起行政诉讼，如何确定起诉期限？如何确定管辖法院？（5分）

> **核心考点**
>
> 行政强制措施的概念　行政复议的申请期限、复议机关　行政诉讼的受案范围、起诉期限、管辖法院

解题思路

1. 根据《行政处罚法》第2条的规定，行政处罚，是指行政机关依法对违反行政管理秩序的公民、法人或者其他组织，以减损权益或者增加义务的方式予以惩戒的行为。行政处罚是对公民、法人或者其他组织违反行政管理秩序的行为给予的处罚，其目的是制裁。根据《行政强制法》第2条第2款的规定，行政强制措施，是指行政机关在行政管理过程中，为制止违法行为、防止证据损毁、避免危害发生、控制危险扩大等情形，依法对公民的人身自由实施暂时性限制，或者对公民、法人或者其他组织的财物实施暂时性控制的行为。行政强制措施的目的是制止违法行为、防止证据损毁、避免危害发生、控制危险扩大等，预防性和制止性是其本质特点。国家市场监督管理总局针对该公司责令停止违法行为，目的在于停止该公司的违法行为，符合行政强制措施的目的——制止违法行为。因此，"责令停止违法行为"不属于行政处罚，而属于行政强制措施。

2. 根据《行政诉讼法》第 12 条第 1 款的规定，人民法院受理公民、法人或者其他组织提起的下列诉讼：……②对限制人身自由或者对财产的查封、扣押、冻结等行政强制措施和行政强制执行不服的；……"责令停止违法行为"作为行政强制措施，属于行政诉讼受案范围。

3. 行政指导，是指行政机关在其职责范围内为实现一定行政目的而采取的符合法律精神、原则、规则或政策的指导、劝告、建议等不具有国家强制力的行为。根据《行诉解释》第 1 条第 2 款的规定，下列行为不属于人民法院行政诉讼的受案范围：……③行政指导行为；……由于行政指导不具有强制力，对当事人权利义务不产生实际影响，因此不属于行政诉讼受案范围。本案中，《行政指导书》没有强制性和处分性，对该公司的权利义务不产生实际影响，不属于行政诉讼受案范围。

4. 根据 2021 年修订的《行政处罚法》第 63 条第 1 款的规定，行政机关拟作出下列行政处罚决定，应当告知当事人有要求听证的权利，当事人要求听证的，行政机关应当组织听证：①较大数额罚款；……本案中，国家市场监督管理总局对该公司处以 182.28 亿元的罚款，属于较大数额罚款，国家市场监督管理总局作出罚款决定前，应当告知该公司有要求听证的权利，若该公司申请听证，国家市场监督管理总局应当组织听证。

根据 2021 年修订的《行政处罚法》第 64 条的规定，听证应当依照以下程序组织：①当事人要求听证的，应当在行政机关告知后 5 日内提出。②行政机关应当在举行听证的 7 日前，通知当事人及有关人员听证的时间、地点。③除涉及国家秘密、商业秘密或者个人隐私依法予以保密外，听证公开举行。④听证由行政机关指定的非本案调查人员主持；当事人认为主持人与本案有直接利害关系的，有权申请回避。⑤当事人可以亲自参加听证，也可以委托 1~2 人代理。⑥当事人及其代理人无正当理由拒不出席听证或者未经许可中途退出听证的，视为放弃听证权利，行政机关终止听证。⑦举行听证时，调查人员提出当事人违法的事实、证据和行政处罚建议，当事人进行申辩和质证。⑧听证应当制作笔录。笔录应当交当事人或者其代理人核对无误后签字或者盖章。当事人或者其代理人拒绝签字或者盖章的，由听证主持人在笔录中注明。根据 2021 年修订的《行政处罚法》第 65 条的规定，听证结束后，行政机关应当根据听证笔录，依照本法第 57 条的规定，作出决定。因此，国家市场监督管理总局组织听证时，应当在举行听证的 7 日前通知该公司听证的时间、地点，应当公开举行听证，听证应当由行政机关指定的非本案调查人员主持，应当制作笔录，听证结束后应当根据听证笔录作出罚款决定。

5. 根据 2023 年修订的《行政复议法》第 20 条第 1 款的规定，公民、法人或者其他组织认为行政行为侵犯其合法权益的，可以自知道或者应当知道该行政行为之日起 60 日内提出行政复议申请；但是法律规定的申请期限超过 60 日的除外。本案中，该公司对行政处罚决定不服，可以自收到行政处罚决定书之日起 60 日内申请行政复议。

根据 2023 年修订的《行政复议法》第 25 条的规定，国务院部门管辖下列行政复议案件：①对本部门作出的行政行为不服的；……本案中，作出处罚决定的国家市场监督管理总局属于国务院部门，该公司对行政处罚决定不服申请复议的，应当由国家市场监督管理总局进行自我复议，国家市场监督管理总局是行政复议机关。

6. 根据《行政诉讼法》第46条第1款的规定，公民、法人或者其他组织直接向人民法院提起诉讼的，应当自知道或者应当知道作出行政行为之日起6个月内提出。法律另有规定的除外。本案中，该公司可以自收到行政处罚决定书之日起6个月内，向法院提起行政诉讼。

根据《行政诉讼法》第15条的规定，中级人民法院管辖下列第一审行政案件：①对国务院部门或者县级以上地方人民政府所作的行政行为提起诉讼的案件；……本案的被告为国家市场监督管理总局，级别管辖为中级法院。根据《行政诉讼法》第18条第1款的规定，行政案件由最初作出行政行为的行政机关所在地人民法院管辖。本案中，国家市场监督管理总局是作出行政处罚决定的机关，地域管辖为国家市场监督管理总局所在地法院。因此，本案的管辖法院为国家市场监督管理总局所在地的中级法院。

答题要点

1. "责令停止违法行为"属于行政强制措施。（1分）国家市场监督管理总局针对该公司责令停止违法行为，目的在于停止该公司的违法行为，符合行政强制措施的目的——制止违法行为。（2分）

2. "责令停止违法行为"属于行政诉讼受案范围。（1分）根据《行政诉讼法》第12条第1款第2项的规定，"责令停止违法行为"作为行政强制措施，属于行政诉讼受案范围。（3分）

3. 《行政指导书》不属于行政诉讼受案范围。（1分）根据《行诉解释》第1条第2款第3项的规定，《行政指导书》没有强制性和处分性（1分），对该公司的权利义务不产生实际影响（2分）。

4. 根据2021年修订的《行政处罚法》第63条第1款的规定，若该公司申请听证，国家市场监督管理总局应当组织听证。（1分）

根据2021年修订的《行政处罚法》第64、65条的规定，应当在举行听证的7日前通知该公司听证的时间、地点（1分），应当公开举行听证（1分），应当由行政机关指定的非本案调查人员主持听证（1分），应当制作笔录（1分），应当根据听证笔录作出罚款决定（1分）。

5. 根据2023年修订的《行政复议法》第20条第1款的规定，该公司对行政处罚决定不服，可以自收到行政处罚决定书之日起60日内申请行政复议。（2分）

作出处罚决定的国家市场监督管理总局属于国务院部门，根据2023年修订的《行政复议法》第25条第1项的规定，该公司申请复议，国家市场监督管理总局是行政复议机关。（3分）

6. 根据《行政诉讼法》第46条第1款的规定，该公司可以自收到行政处罚决定书之日起6个月内提起行政诉讼。（2分）

根据《行政诉讼法》第15条第1项和第18条第1款的规定，被告为国家市场监督管理总局，级别管辖为中级法院，地域管辖为国家市场监督管理总局所在地法院。本案的管辖法院为国家市场监督管理总局所在地的中级法院。（3分）

案例 2　李某等 182 人诉某市政府侵犯客运人力三轮车经营权案

案情： 1994 年 12 月 12 日，某省的某市政府以通告的形式，对本市区范围内客运人力三轮车实行限额管理。1996 年 8 月，该市政府对人力客运老年车改型为人力客运三轮车（240 辆）的经营者每人收取了有偿使用费 3500 元。

1996 年 11 月，该市政府对原有的 161 辆客运人力三轮车经营者每人收取了有偿使用费 2000 元。从 1996 年 11 月开始，该市政府开始实行经营权的有偿使用，有关部门也对限额的 401 辆客运人力三轮车收取了相关的规费。

1999 年 7 月 15 日、7 月 28 日，该市政府针对有偿使用期限已届满 2 年的客运人力三轮车，发布《关于整顿城区小型车辆营运秩序的公告》（以下简称《公告》）和《关于整顿城区小型车辆营运秩序的补充公告》（以下简称《补充公告》）。其中，《公告》要求"原已具有合法证照的客运人力三轮车经营者必须在 1999 年 7 月 19 日至 7 月 20 日到市交警大队办公室重新登记"，《补充公告》要求"经审查，取得经营权的登记者，每辆车按 8000 元的标准（符合《公告》第 6 条规定的每辆车按 7200 元的标准）交纳经营权有偿使用费"。

李某等 182 名客运人力三轮车经营者认为该市政府作出的《公告》第 6 条和《补充公告》第 2 条的规定形成重复收费，侵犯其合法经营权，向法院提起行政诉讼，要求判决撤销该市政府作出的上述《公告》和《补充公告》。

（案例来源：最高人民法院指导案例 88 号）

材料一：《某省道路运输管理条例》第 4 条规定，县级以上人民政府负责制定本行政区域内道路运输发展规划。各级交通行政主管部门根据道路运输发展规划负责本行政区域内营业性车辆类型的调整、数量的投放、客货运输站点和车辆维修网点的布局等道路运输管理工作。客货运输站点和车辆维修网点的建设应当符合城市或村镇规划。

《某省道路运输管理条例》第 24 条规定，经县级以上人民政府批准，客运经营权可以实行有偿使用。有偿使用所得纳入当地财政专项储存，专款用于道路运输基础设施建设。

材料二： 某省交通厅制定的《某省小型车辆客运管理规定》第 8 条规定，各市、地、州运管部门对小型客运车辆实行额度管理时，经当地政府批准可采用营运证有偿使用的办法，但有偿使用期限一次不得超过 2 年。

材料三： 该市政府作出《公告》和《补充公告》之后，该市城区交通秩序得到好转，城市道路运行能力得到提高，城区市容市貌持续改善，以及通过两次退市营运的运力配置方案"惠民"行动，原 401 辆三轮车中的绝大多数已经分批次完成置换。

问题：（共 28 分）

1. 请分析《公告》和《补充公告》中客运人力三轮车经营者登记的法律性质。（4 分）

2. 李某等 182 名客运人力三轮车经营者向法院提起行政诉讼，是否需要确定诉讼代表人？若需要，如何确定？（4 分）

3. 《公告》和《补充公告》是否属于行政诉讼受案范围？为什么？（4 分）

4. 《公告》和《补充公告》是否合法？为什么？（4 分）

5. 客运人力三轮车经营权是否应当具有期限限制？为什么？（4 分）

6. 退市营运的运力配置方案"惠民"政策能否认定《公告》和《补充公告》合法？为什么？（4 分）

7. 法院对《公告》和《补充公告》如何判决？（4 分）

核心考点
行政许可行为及其合法性　行政诉讼的受案范围与判决

解题思路

1. 行政许可的概念

根据《行政许可法》第 2 条的规定，行政许可，是指行政机关根据公民、法人或者其他组织的申请，经依法审查，准予其从事特定活动的行为。根据《行政许可法》第 12 条的规定，下列事项可以设定行政许可：……②有限自然资源开发利用、公共资源配置以及直接关系公共利益的特定行业的市场准入等，需要赋予特定权利的事项；……客运人力三轮车经营涉及公共资源配置的市场准入，《公告》中要求客运人力三轮车经营者必须登记，《补充公告》中明确：经审查，取得经营权的登记者要交纳经营权有偿使用费。对客运人力三轮车经营者进行登记，实际上是确定客运人力三轮车经营者的市场准入，只有经审查取得经营权的登记者才能从事客运人力三轮车经营。因此，《公告》和《补充公告》中客运人力三轮车经营者登记属于行政许可行为。

《公告》和《补充公告》中涉及的客运人力三轮车经营者登记不属于行政确认。行政确认，是指行政机关对相对人的法律关系、法律事实或者法律地位给予确定、认可、证明的具体行政行为。行政许可与行政确认的区别：①对象不同。行政许可一般是使相对人获得某种行为的权利或者从事某种活动的资格；行政确认则仅仅是确认相对人的法律地位、权利义务和法律事实等。②法律效果不同。行政许可是允许被许可人今后可以进行某种行为或活动，其法律效果具有后及性，没有前溯性；而行政确认是对相对人既有的身份、能力、权利、事实的确定和认可，其法律效果具有前溯性。

2.《行政诉讼法》第28条规定，当事人一方人数众多的共同诉讼，可以由当事人推选代表人进行诉讼。代表人的诉讼行为对其所代表的当事人发生效力，但代表人变更、放弃诉讼请求或者承认对方当事人的诉讼请求，应当经被代表的当事人同意。《行诉解释》第29条规定，《行政诉讼法》第28条规定的"人数众多"，一般指10人以上。本案中，李某等182名客运人力三轮车经营者向法院提起的行政诉讼，属于原告方人数众多的共同诉讼，需要确定诉讼代表人。

根据《行政诉讼法》第28条的规定，当事人一方人数众多的，由当事人推选代表人。当事人推选不出的，可以由人民法院在起诉的当事人中指定代表人。《行政诉讼法》第28条规定的代表人为2~5人。代表人可以委托1~2人作为诉讼代理人。可知，应由李某等182名客运人力三轮车经营者推选诉讼代表人2~5人，推选不出的，可以由法院在李某等182名客运人力三轮车经营者中指定代表人。

3.《公告》和《补充公告》是具体行政行为，不是抽象行政行为，属于行政诉讼受案范围。本质上，具体行政行为是处理具体事项的行为，抽象行政行为是制定规则的行为。区分具体行政行为和抽象行政行为的标准是行为对象是否特定。本案中，《公告》要求"原已具有合法证照的客运人力三轮车经营者必须在1999年7月19日至7月20日到市交警大队办公室重新登记"，《补充公告》要求"经审查，取得经营权的登记者，每辆车按8000元的标准（符合《公告》第6条规定的每辆车按7200元的标准）交纳经营权有偿使用费"。《公告》和《补充公告》的行为对象是特定的，是对李某等182名客运人力三轮车经营者的权利义务进行具体处理，因此《公告》和《补充公告》作为具体行政行为，属于行政诉讼受案范围。

4.从法律适用上看，《某省道路运输管理条例》第4条规定"各级交通行政主管部门负责本行政区域内营业性车辆类型的调整、数量的投放"和第24条规定"经县级以上人民政府批准，客运经营权可以实行有偿使用"。某省交通厅制定的《某省小型车辆客运管理规定》第8条规定："各市、地、州运管部门对小型客运车辆实行额度管理时，经当地政府批准可采用营运证有偿使用的办法，但有偿使用期限一次不得超过2年。"可见，该省地方性法规已经明确规定对客运经营权可以实行有偿使用。该省交通厅制定的规范性文件对营运证实行有期限有偿使用与地方性法规并不冲突。基于行政执法和行政管理需要，客运经营权也需要设定一定的期限。《公告》和《补充公告》的内容是对原已具有合法证照的客运人力三轮车经营者实行重新登记，经审查合格者支付有偿使用费，逾期未登记者自动弃权的措施。《公告》和《补充公告》是对既有的已经取得合法证照的客运人力三轮车经营者收取有偿使用费，而上述客运人力三轮车经营者的权利是在1996年通过经营权许可取得的。前后两个行政行为之间存在承继和连接关系。对于1996年的经营权许可行为，行政机关作出行政许可等授益性行政行为时，应当明确告知行政许可的期限。行政机关在作出行政许可时，行政相对人也有权知晓行政许可的期限。行政机关在1996年实施人力客运三轮车经营权许可之时，未告知李某等182人人力客运三轮车2年的经营权有偿使用期限。李某等182人并不知道其经营权有偿使用的期限。该市政府1996年的经营权许可在程序上存在明显不当，直接导致与其存在前后承继关系的《公告》和《补充公告》的程序明显不当，《公告》和《补充公告》存在程序违法。

5. 李某等182人主张，因该市政府在1996年实施人力客运三轮车经营权许可时未告知许可期限，故其据此认为经营许可是无期限的。但该市政府实施人力客运三轮车经营权许可，目的在于规范人力客运三轮车经营秩序。人力客运三轮车是涉及公共利益的公共资源配置方式，设定一定的期限是必要的。客观上，该省交通厅制定的《某省小型车辆客运管理规定》也明确了许可期限。该市政府没有告知许可期限，存在程序上的瑕疵，但李某等182人仅以此认为行政许可没有期限限制不成立。

6. 该市政府根据当地实际存在的道路严重超负荷、空气和噪声污染严重、"脏、乱、差"、"挤、堵、窄"等问题进行整治，符合城市管理的需要，符合人民群众的意愿，对其正当性应予肯定。该市政府为了解决本案诉讼遗留的信访问题，先后作出两次"惠民"行动，为实质性化解行政诉讼争议作出了积极的努力，其后续行为有其积极意义。李某等人接受退市营运的运力配置方案并作出承诺，李某等人实际享受"惠民"政策。但是，行政机关在作出行政行为时必须恪守依法行政的原则，确保行政权力依照法定程序行使，并不能因为李某等人实际享受"惠民"政策而认定《公告》和《补充公告》合法。

7. 该市政府作出《公告》和《补充公告》在行政程序上存在瑕疵，属于明显不当，构成违法。但是，《公告》和《补充公告》作出之后，该市城区交通秩序得到好转，城市道路运行能力得到提高，城区市容市貌持续改善，以及通过两次"惠民"行动，原401辆三轮车中的绝大多数已经分批次完成置换，如果判决撤销《公告》和《补充公告》，将会给行政管理秩序和社会公共利益带来明显不利影响。根据《行政诉讼法》第74条第1款的规定，行政行为有下列情形之一的，人民法院判决确认违法，但不撤销行政行为：①行政行为依法应当撤销，但撤销会给国家利益、社会公共利益造成重大损害的；②行政行为程序轻微违法，但对原告权利不产生实际影响的。因此，法院应当判决确认《公告》和《补充公告》违法。

▶ 答题要点

1. 根据《行政许可法》第2条和第12条第2项的规定，《公告》和《补充公告》中客运人力三轮车经营涉及公共资源配置的市场准入，对客运人力三轮车经营者进行登记是确定客运人力三轮车经营者的市场准入。（2分）因此，《公告》和《补充公告》中客运人力三轮车经营者登记属于行政许可行为。（2分）

2. 需要。（1分）根据《行政诉讼法》第28条和《行诉解释》第29条的规定，由李某等182名客运人力三轮车经营者推选诉讼代表人2~5人。（2分）推选不出的，可以由法院在李某等182名客运人力三轮车经营者中指定代表人。（1分）

3. 《公告》和《补充公告》是具体行政行为，不是抽象行政行为，属于行政诉讼受案范围。(2分)《公告》和《补充公告》的行为对象是特定的，是对李某等182名客运人力三轮车经营者的权利义务进行具体处理。(2分)

4. 不合法。(1分)《公告》和《补充公告》是对既有的已经取得合法证照的客运人力三轮车经营者收取有偿使用费。(1分) 行政机关在1996年实施人力客运三轮车经营权许可之时，未告知李某等人人力客运三轮车2年的经营权有偿使用期限(1分)，与其存在前后承继关系的《公告》和《补充公告》就存在程序明显不当，《公告》和《补充公告》存在程序违法(1分)。

5. 人力客运三轮车是涉及公共利益的公共资源配置方式，设定一定的期限是必要的。(2分) 该省交通厅制定的《某省小型车辆客运管理规定》也明确了许可期限。该市政府虽然没有告知许可期限，存在程序上的瑕疵，但并不能认为行政许可没有期限限制。(2分)

6. 不能。(1分) 该市政府作出两次"惠民"行动，为实质性化解行政诉讼争议作出了积极的努力，其后续行为有其积极意义。(1分) 但是，行政机关在作出行政行为时必须恪守依法行政的原则，并不能因为李某等人实际享受"惠民"政策而认定《公告》和《补充公告》合法。(2分)

7. 该市政府作出《公告》和《补充公告》在行政程序上存在瑕疵，属于明显不当，构成违法。(1分) 但是，判决撤销《公告》和《补充公告》将会给行政管理秩序和社会公共利益带来明显不利影响。(1分) 根据《行政诉讼法》第74条第1款的规定，法院应当判决确认《公告》和《补充公告》违法。(2分)

案例 3　叶某诉某县政府强制拆除房屋案

案情： 某市下辖的某县政府规划建设有色金属循环经济产业基地，需要征收某村民委员会某村民小组的部分土地。叶某房屋所占土地在被征收土地范围之内，属于未经乡镇规划批准和领取土地使用证的"两违"建筑物。

2011年8月至2015年7月间，某县政府先后在被征收土地的村民委员会、村民小组张贴《关于在全县范围内禁止抢种抢建的通告》《关于对某村部分土地征收通告》《关于责令停止某村一切违建行为的告知书》等文书，以调查笔录等形式告知叶某房屋所占土地是违法用地。

2015年6月，某县国土资源局发出《要求叶某停止土地违法行为通知》，要求叶某停止土地违法行为。2015年7月12日凌晨5时许，在未发强行拆除通知、未予公告的情况下，某县政府组织执法人员对叶某房屋实施强制拆除。

叶某遂向法院提起行政诉讼，请求撤销县政府强制拆除行为。法院受理案件。在法院审理过程中叶某要求执法人员承担赔偿责任。

（案例来源：最高人民法院发布全国法院征收拆迁十大典型案例之九）

问题：（共28分）

1. 请对县政府张贴《关于在全县范围内禁止抢种抢建的通告》《关于对某村部分土地征收通告》《关于责令停止某村一切违建行为的告知书》的行为性质进行分析。（6分）

2. 对叶某房屋实施强制拆除，县政府是否应当申请法院强制执行？为什么？（4分）

3. 某县政府在2015年7月12日凌晨5时强制拆除叶某房屋的行为，是否违反《行政强制法》的时间要求？为什么？（3分）

4. 县政府组织人员对叶某房屋实施强制拆除是否合法？为什么？（5分）

5. 如何确定本案的管辖法院？（4分）

6. 某县国土资源局发出的《要求叶某停止土地违法行为通知》是否属于法院审理裁判对象？为什么？（3分）

7. 法院应当适用何种判决？请说明理由。（3分）

核心考点

行政行为性质的判断　行政强制措施与行政强制执行的程序　行政诉讼的管辖法院、审理对象和判决　行政赔偿与行政追偿的关系

解题思路

1. 具体行政行为是对特定人或者特定事项的一次性处理，处理的个别性是具体行政行为区别于抽象行政行为的主要标志。抽象行政行为是为不特定事项和不特定人安排的，可以反复适用的普遍性规则，主要包括行政法规、行政规章和其他规范性文件。《关于在全县范围内禁止抢种抢建的通告》是针对全县范围内不特定对象实施的行为，是抽象行政行为，属于行政规范性文件。《关于对某村部分土地征收通告》《关于责令停止某村一切违建行为的告知书》是对特定对象作出的权利义务具体处理，都是具体行政行为。《关于对某村部分土地征收通告》是对土地使用权的征收，属于行政征收行为。《关于责令停止某村一切违建行为的告知书》是对违法行为的制止，其目的具有制止性，属于行政强制措施。

2. 根据《行政强制法》第44条的规定，对违法的建筑物、构筑物、设施等需要强制拆除的，应当由行政机关予以公告，限期当事人自行拆除。当事人在法定期限内不申请行政复议或者提起行政诉讼，又不拆除的，行政机关可以依法强制拆除。可知，对违法的建筑物，行政机关具有强制执行权，可以依法强制拆除。本案中，叶某房屋属于未经乡镇规划批准和领取土地使用证的"两违"建筑物，应当由某县政府予以公告，限期叶某自行拆除。叶某在法定期限内不申请行政复议或者提起行政诉讼，又不拆除的，县政府无须申请法院强制执行，可以自行强制拆除。

3. 根据《行政强制法》第43条第1款的规定，行政机关不得在夜间或者法定节假日实施行政强制执行。但是，情况紧急的除外。由此可知，行政机关原则上不得在夜间实施行政强制执行，情况紧急的除外。本案中，2015年7月12日凌晨5时许，在未发强行拆除通知、未予公告的情况下，某县政府组织执法人员对叶某房屋实施强制拆除。通常认为夜间指当日20时至次日8时，凌晨5时属于法律规定的"夜间"。同时，本案中不存在情况紧急的情形。因此，某县政府在2015年7月12日凌晨5时强制拆除叶某房屋的行为违反了《行政强制法》的规定。

4. 根据《行政强制法》第34条的规定，行政机关依法作出行政决定后，当事人在行政机关决定的期限内不履行义务的，具有行政强制执行权的行政机关依照本章规定强制执行。根据《行政强制法》第44条的规定，对违法的建筑物、构筑物、设施等需要强制拆除的，应当由行政机关予以公告，限期当事人自行拆除。当事人在法定期限内不申请行政复议或者提起行政诉讼，又不拆除的，行政机关可以依法强制拆除。本案中，虽然叶某房屋属于违法建筑，但县政府在2015年7月12日凌晨，即夜间对叶某房屋强制拆除，强制拆除前未向叶某发出强制拆除通知，未向强拆房屋所在地的村民委员会、村民小组张贴公告限期叶某自行拆除，违反了《行政强制法》第34、44条的程序规定。

5. 叶某向法院提起行政诉讼请求撤销县政府强制拆除行为，被告为某县政府。从级别管辖看，根据《行政诉讼法》第15条的规定，中级人民法院管辖下列第一审行政案件：①对国务院部门或者县级以上地方人民政府所作的行政行为提起诉讼的案件；……本案被告为县政府，其属于法律规定的县级以上地方政府，本案应由中级法院管辖。从地域管辖看，根据《行政诉讼法》第18条第1款的规定，行政案件由最初作出行政行为的行政机关所在地人民法院管辖。经复议的案件，也可以由复议机关所在地人民法院管辖。本案不涉及特殊地域管辖，因此应由县政府所在地法院管辖。故本案由县政府所在地的中级法院——某市中级法院管辖。

6. 司法诉讼中的不告不理，是指没有原告的起诉，法院就不能进行审判。具体包括两层含义：①没有原告的起诉，法院不得启动审判程序，即原告的起诉是法院启动审判程序的先决条件；②法院审判的范围应与原告起诉的范围相一致，法院不得对原告未提出诉讼请求的事项进行审判。本案中，叶某向法院提起行政诉讼，请求撤销县政府强制拆除行为。根据不告不理原则，某县国土资源局发出的《要求叶某停止土地违法行为通知》不属于法院审理对象，某县政府强制拆除行为属于法院审理裁判对象。

7. 根据《行政诉讼法》第70条的规定，行政行为有下列情形之一的，人民法院判决撤销或者部分撤销，并可以判决被告重新作出行政行为：……③违反法定程序的；……《行政诉讼法》第 74 条第 2 款规定，行政行为有下列情形之一，不需要撤销或者判决履行的，人民法院判决确认违法：①行政行为违法，但不具有可撤销内容的；②被告改变原违法行政行为，原告仍要求确认原行政行为违法的；③被告不履行或者拖延履行法定职责，判决履行没有意义的。本案中，叶某向法院提起行政诉讼，请求撤销县政府强制拆除行为。县政府强制拆除叶某房屋的行为程序严重违法，法院应判决撤销，但因叶某房屋已被强制拆除，不具有可撤销内容，法院应当判决确认县政府强制拆除叶某房屋的行为违法。

答题要点

1. 《关于在全县范围内禁止抢种抢建的通告》是针对全县范围内不特定对象实施的行为，是抽象行政行为，属于行政规范性文件。（2分）《关于对某村部分土地征收通告》《关于责令停止某村一切违建行为的告知书》是对特定对象作出的权利义务具体处理，都是具体行政行为。（2分）《关于对某村部分土地征收通告》是对土地使用权的征收，属于行政征收行为。（1分）《关于责令停止某村一切违建行为的告知书》是对违法行为的制止，属于行政强制措施。（1分）

2. 县政府无须申请法院强制执行。（1分）叶某房屋属于未经乡镇规划批准和领取土地使用证的"两违"建筑物（2分），根据《行政强制法》第 44 条的规定，县政府可以自行强制执行（1分）。

3. 违反。（1分）根据《行政强制法》第 43 条第 1 款的规定，除情况紧急外，行政机关不得在夜间实施行政强制执行。因此，某县政府在 2015 年 7 月 12 日凌晨 5 时强制拆除叶某房屋的行为违反了《行政强制法》的规定。（2分）

4. 不合法。（1分）虽然叶某房屋属于违法建筑，但县政府在 2015 年 7 月 12 日凌晨组织人员对叶某房屋强制拆除（1分），强制拆除前未向叶某发出强制拆除通知（1分），未向强拆房屋所在地的村民委员会、村民小组张贴公告限期叶某自行拆除（1分），违反了《行政强制法》第 34、44 条的规定，存在严重程序违法（1分）。

5. 叶某向法院提起行政诉讼请求撤销县政府强制拆除行为，被告为某县政府。（1分）关于本案的地域管辖，根据《行政诉讼法》第 18 条第 1 款的规定，由县政府所在地法院管辖。（1分）关于本案的级别管辖，某县政府属于县级以上地方政府，根据《行政诉讼法》第 15 条第 1 项的规定，本案应由中级法院管辖。（1分）因此，本案由县政府所在地的中级法院——某市中级法院管辖。（1分）

6. 根据不告不理原则，某县国土资源局发出的《要求叶某停止土地违法行为通知》不属于法院审理对象。（1分）叶某向法院提起行政诉讼，请求撤销某县政府的强制拆除行为，故某县政府的强制拆除行为属于法院审理裁判对象。（2分）

7. 法院应当适用确认违法判决。（1分）根据《行政诉讼法》第 70、74 条的规定，行政行为违反法定程序的，法院判决撤销，但不具有可撤销内容的，法院判决确认违法。（1分）本案中，某县政府强制拆除叶某房屋的行为程序严重违法，法院应当判决撤销，但故叶某房屋已被强制拆除，不具有可撤销内容，故法院应当判决确认县政府强制拆除叶某房屋的行为违法。（1分）

案例 4 李某诉某省交通厅政府信息公开案

案情： 6月1日李某通过省政府公众网络系统向某省交通厅递交了政府信息公开申请，申请公开某长途客运汽车站的经营资质、客运里程数、注册资本、法定代表人、股东人数等信息。当日，政府公众网络系统对申请予以确认，并通过短信通知李某确认该政府信息公开申请提交成功。由于省交通厅办公网与省政府公众网络系统物理隔离，省政府公众网络系统的申请需要通过网闸以数据"摆渡"方式接入省交通厅办公网办理，因此省交通厅工作人员未能立即发现李某在省政府公众网络系统中提交的申请，7月28日向李某确认收到申请并发出了《受理回执》。随后省交通厅要求李某提供身份证明材料，李某提供身份证复印件。8月4日省交通厅以申请公开的内容涉及某长途客运汽车站商业秘密为由拒绝公开，并向李某送达《政府信息公开答复书》。8月14日李某向法院提起诉讼。

（案例来源：最高人民法院指导案例26号）

问题：（共28分）

1. 李某通过省政府公众网络系统申请政府信息公开是否符合法律规定？为什么？（5分）

2. 省交通厅的《政府信息公开答复书》是否超出法定期限？为什么？（6分）

3. 省交通厅要求李某提供有效身份证件是否符合法律规定？为什么？（4分）

4. 省交通厅认为李某申请公开的信息涉及某长途客运汽车站商业秘密的，应当如何处理？（5分）

5. 省交通厅能否向李某收取信息处理费？为什么？（4分）

6. 李某提起诉讼前是否应当先申请行政复议？为什么？（4分）

核心考点

政府信息公开的申请与处理　复议前置

解题思路

1. 根据《政府信息公开条例》第29条第1款的规定，公民、法人或者其他组织申请获取政府信息的，应当向行政机关的政府信息公开工作机构提出，并采用包括信件、数据电文在内的书面形式；采用书面形式确有困难的，申请人可以口头提出，由受理该申请的政府信息公开工作机构代为填写政府信息公开申请。书面形式主要包括信件、数据电文等形式。本案中，李某通过省政府公众网络系统向省交通厅递交政府信息公开申请，这种申请方式属于数据电文方式，符合《政府信息公开条例》的相关规定。

2. 根据《政府信息公开条例》第31条的规定，行政机关收到政府信息公开申请的时间，按照下列规定确定：……③申请人通过互联网渠道或者政府信息公开工作机构的传真提交政府信息公开申请的，以双方确认之日为收到申请之日。《政府信息公开条例》第33条第1、2款规定，行政机关收到政府信息公开申请，能够当场答复的，应当当场予以答复。行政机关不能当场答复的，应当自收到申请之日起20个工作日内予以答复；需要延长答复期限的，应当经政府信息公开工作机构负责人同意并告知申请人，延长的期限最长不得超过20个工作日。可知，在依申请公开政府信息的情况中，行政机关的答复时间一般为20个工作日，最长不超过40个工作日。

本案中，李某于 6 月 1 日向省交通厅递交了政府信息公开申请，政府公众网络系统对申请予以确认，并通过短信通知李某确认该政府信息公开申请提交成功，虽然省交通厅工作人员于 7 月 28 日向李某确认收到申请并发出了《受理回执》，但公民、法人或者其他组织通过政府公众网络系统向行政机关提交政府信息公开申请的，如该网络系统未作例外说明，则系统确认申请提交成功的日期视为行政机关收到政府信息公开申请之日。行政机关对于该申请的内部处理流程，不能成为其延期处理的理由。因此 6 月 1 日为省交通厅收到李某的政府信息公开申请之日。省交通厅于 8 月 4 日向李某送达《政府信息公开答复书》，超出了 20 个工作日的法定答复期限，应当认定为违法。

3. 根据《政府信息公开条例》第 29 条第 2 款的规定，政府信息公开申请应当包括下列内容：①申请人的姓名或者名称、身份证明、联系方式；②申请公开的政府信息的名称、文号或者便于行政机关查询的其他特征性描述；③申请公开的政府信息的形式要求，包括获取信息的方式、途径。本案中，李某申请公开政府信息，应当按照法定要求提供身份证明。因此，省交通厅要求李某提供有效身份证件符合法律规定。

4. 根据《政府信息公开条例》第 15 条的规定，涉及商业秘密、个人隐私等公开会对第三方合法权益造成损害的政府信息，行政机关不得公开。但是，第三方同意公开或者行政机关认为不公开会对公共利益造成重大影响的，予以公开。《政府信息公开条例》第 32 条规定，依申请公开的政府信息公开会损害第三方合法权益的，行政机关应当书面征求第三方的意见。第三方应当自收到征求意见书之日起 15 个工作日内提出意见。第三方逾期未提出意见的，由行政机关依照《政府信息公开条例》的规定决定是否公开。第三方不同意公开且有合理理由的，行政机关不予公开。行政机关认为不公开可能对公共利益造成重大影响的，可以决定予以公开，并将决定公开的政府信息内容和理由书面告知第三方。本案中，省交通厅认为李某申请公开的内容涉及某长途客运汽车站的商业秘密，首先应当书面征求该长途客运汽车站的意见，如果该长途客运汽车站不同意公开且有合理理由，则省交通厅不予公开；但如果省交通厅认为不公开可能对公共利益造成重大影响，则可以决定予以公开，并且将决定公开的政府信息内容和理由书面通知该长途客运汽车站。

5. 根据《政府信息公开条例》第 42 条第 1 款的规定，行政机关依申请提供政府信息，不收取费用。但是，申请人申请公开政府信息的数量、频次明显超过合理范围的，行政机关可以收取信息处理费。本案中，李某向省交通厅申请公开某长途客运汽车站的经营资质、客运里程数、注册资本、法定代表人、股东人数等信息，申请公开政府信息的数量、频次没有超过合理范围，省交通厅不能向李某收取信息处理费。

6. 根据 2023 年修订的《行政复议法》第 23 条第 1 款第 4 项的规定，申请政府信息公开，行政机关不予公开的，申请人应当先向行政复议机关申请行政复议，对行政复议决定不服的，可以再依法向人民法院提起行政诉讼。本案中，省交通厅以李某申请公开的内容涉及某长途客运汽车站商业秘密为由拒绝公开，并向李某送达《政府信息公开答复书》，属于李某申请政府信息公开而省交通厅不予公开。因此，李某应当先向行政复议机关申请行政复议，对行政复议决定不服的，可以再依法向法院提起行政诉讼。

> **答题要点**

1. 合法。(1分)根据《政府信息公开条例》第29条第1款的规定，李某申请政府信息公开应当采用书面形式，书面形式包括数据电文形式。(2分)通过省政府公众网络系统申请政府信息公开属于数据电文形式，因此李某通过省政府公众网络系统申请政府信息公开的形式符合法律规定。(2分)

2. 省交通厅的答复超出了法定期限。(1分)根据《政府信息公开条例》第31条第3项和第33条第2款的规定，6月1日为省交通厅收到李某的政府信息公开申请之日(2分)，省交通厅于8月4日向李某送达《政府信息公开答复书》(2分)，超出了20个工作日的法定答复期限(1分)。

3. 省交通厅要求李某提供有效身份证件合法。(1分)根据《政府信息公开条例》第29条第2款第1项的规定，李某申请公开政府信息，应当按照法定要求提供身份证明。因此省交通厅有权要求李某提供有效身份证件。(3分)

4. 根据《政府信息公开条例》第15、32条的规定，省交通厅认为李某申请公开的信息涉及某长途客运汽车站商业秘密的，应当书面征求某长途客运汽车站的意见(1分)；某长途客运汽车站不同意公开且有合理理由的，省交通厅不予公开(1分)。但省交通厅认为不公开可能对公共利益造成重大影响的，可以决定予以公开(1分)，并将决定公开的政府信息内容和理由书面通知某长途客运汽车站(2分)。

5. 不能。(1分)根据《政府信息公开条例》第42条第1款的规定，李某向省交通厅申请公开政府信息的数量、频次没有超过合理范围(2分)，省交通厅不能向李某收取信息处理费(1分)。

6. 李某提起诉讼前应当先申请行政复议。(1分)根据2023年修订的《行政复议法》第23条第1款第4项的规定，李某申请政府信息公开而省交通厅不予公开，李某应当先申请行政复议，对行政复议决定不服的，可以再提起行政诉讼。(3分)

案例 5　王某诉某市人社局工伤认定案

案情：王某某是某资产管理公司职工。2013年3月18日，王某某因交通事故死亡。由于王某某驾驶摩托车倒地翻覆的原因无法查实，交警大队于同年4月1日依据《道路交通事故处理程序规定》第50条（现为第67条）的规定，作出的《道路交通事故证明》载明：王某某驾驶无牌摩托车与道路右侧隔离带边缘相擦挂，翻覆于隔离带内，造成车辆受损、王某某当场死亡的交通事故。

2013年4月10日，某资产管理公司就其职工王某某因交通事故死亡，向某市人社局申请工伤认定，并同时提交了《道路交通事故证明》等证据。市人社局以公安机关交通管理部门尚未对本案事故作出交通事故认定书为由，于当日作出《工伤认定时限中止通知书》（以下简称《中止通知》），并向王某（王某某之父）和某资产管理公司送达。

2013年6月24日，王某通过国内特快专递邮件方式，向市人社局提交了《恢复工伤认定申请书》，要求市人社局恢复对王某某的工伤认定。因市人社局未恢复对王某某工伤认定程序，王某遂于同年7月30日向法院提起行政诉讼，请求判决撤销市人社局作出的《中止通知》。

市人社局主张作出《中止通知》属于工伤认定程序中的程序性行政行为，该行为不涉及终局性问题，对相对人的权利义务没有实质影响，属于不成熟的行政行为，不具有可诉性，不属于行政诉讼受案范围。

法院受理案件后作出一审判决，撤销市人社局作出的《中止通知》。一审宣判后，市人社局提起了上诉。二审审理过程中，市人社局递交撤回上诉申请书。

（案例来源：最高人民法院公布指导性案例第69号）

材料：

《工伤保险条例》（中华人民共和国国务院令第375号，于2003年4月16日国务院第5次常务会议讨论通过，自2004年1月1日起施行；中华人民共和国国务院令第586号，于2010年12月8日国务院第136次常务会议修改，自2011年1月1日起施行）

第20条　社会保险行政部门应当自受理工伤认定申请之日起60日内作出工伤认定的决定，并书面通知申请工伤认定的职工或者其近亲属和该职工所在单位。

社会保险行政部门对受理的事实清楚、权利义务明确的工伤认定申请，应当在15日内作出工伤认定的决定。

作出工伤认定决定需要以司法机关或者有关行政主管部门的结论为依据的，在司法机关或者有关行政主管部门尚未作出结论期间，作出工伤认定决定的时限中止。

社会保险行政部门工作人员与工伤认定申请人有利害关系的，应当回避。

问题：（共28分）

1. 请对交警大队作出《道路交通事故证明》的行为性质进行分析。（4分）
2. 《中止通知》是否属于行政诉讼受案范围？为什么？（4分）

3. 如何确定本案一审管辖法院？（4分）
4. 王某是否具有原告资格？为什么？（4分）
5. 市人社局能否撤回上诉？法院是否准许？为什么？（4分）
6. 法院能否撤销《中止通知》？为什么？（4分）
7. 若王某没有提起诉讼而是申请行政复议，如何确定行政复议机关？（4分）

核心考点

行政确认的概念　行政诉讼的受案范围、管辖、原告、判决　行政复议机关

解题思路

1. 行政确认,是指行政主体依法对行政相对人的法律地位、法律关系或有关法律事实进行甄别,给予确定、认定、证明并予以宣告的具体行政行为。本案中,交警大队作出的《道路交通事故证明》载明:王某某驾驶无牌摩托车与道路右侧隔离带边缘相擦挂,翻覆于隔离带内,造成车辆受损、王某某当场死亡的交通事故。《道路交通事故证明》是交警大队对王某某交通事故的事实认定,因此,其属于行政确认行为。

2. 根据《行政诉讼法》第2条第1款的规定,公民、法人或者其他组织认为行政机关和行政机关工作人员的行政行为侵犯其合法权益,有权依照本法向人民法院提起诉讼。本案中,作出《中止通知》虽然属于工伤认定程序中的程序性行政行为,但该行为侵犯了王某某的人身权、财产权等合法权益,对王某某权利义务产生明显的实际影响,且无法通过提起针对相关的实体性行政行为的诉讼获得救济。因此,《中止通知》属于行政诉讼受案范围,王某有权对《中止通知》提起行政诉讼,法院应当依法受理案件。

3. 首先确定本案的级别管辖。根据《行政诉讼法》第14条的规定,基层人民法院管辖第一审行政案件。根据《行政诉讼法》第15条的规定,中级人民法院管辖下列第一审行政案件:①对国务院部门或者县级以上地方人民政府所作的行政行为提起诉讼的案件;②海关处理的案件;③本辖区内重大、复杂的案件;④其他法律规定由中级人民法院管辖的案件。本案的被告是市人社局,本案不属于中级法院管辖的例外情形,按照级别管辖的原则,应当由基层法院管辖。

其次确定本案的地域管辖。根据《行政诉讼法》第18条第1款的规定,行政案件由最初作出行政行为的行政机关所在地人民法院管辖。经复议的案件,也可以由复议机关所在地人民法院管辖。本案不属于经复议的案件,应当由最初作出行政行为的行政机关——市人社局所在地法院管辖。

综上,本案一审管辖法院是市人社局所在地的基层法院。

4. 根据《行政诉讼法》第25条第2款的规定,有权提起诉讼的公民死亡,其近亲属可以提起诉讼。根据《行诉解释》第14条第1款的规定，《行政诉讼法》第25条第2款规定的"近亲属"，包括配偶、父母、子女、兄弟姐妹、祖父母、外祖父母、孙子女、外孙子女和其他具有扶养、赡养关系的亲属。本案中，王某某是被诉行政行为的相对人，其有权提起诉讼，但王某某已死亡，其父王某作为近亲属具有原告资格，可以提起诉讼。

5. 根据《行政诉讼法》第62条的规定，人民法院对行政案件宣告判决或者裁定前，原告申请撤诉的，或者被告改变其所作的行政行为，原告同意并申请撤诉的，是否准许，由人民法院裁定。根据《行政诉讼法》第101条的规定，人民法院审理行政案件，关于期间、送达、财产保全、开庭审理、调解、中止诉讼、终结诉讼、简易程序、执行等，以及人民检察院对行政案件受理、审理、裁判、执行的监督，《行政诉讼法》没有规定的，适用《民事诉讼法》的相关规定。根据《民事诉讼法》第180条的规定，第二审人民法院判决宣告前，上诉人申请撤回上诉的，是否准许，由第二审人民法院裁定。因此，市人社局能撤回上诉，是否准许，由第二审人民法院裁定。

根据《行诉撤诉规定》第8条第1款的规定，第二审或者再审期间行政机关改变被诉具体行政行为，当事人申请撤回上诉或者再审申请的，参照本规定。根据《行诉撤诉规定》第2条的规定，被告改变被诉具体行政行为，原告申请撤诉，符合下列条件的，人民法院应当裁定准许：①申请撤诉是当事人真实意思表示；②被告改变被诉具体行政行为，不违反法律、法规的禁止性规定，不超越或者放弃职权，不损害公共利益和他人合法权益；③被告已经改变或者决定改变被诉具体行政行为，并书面告知人民法院；④第三人无异议。本案中，市人社局申请撤回上诉，法院经审查，认为市人社局申请撤回上诉属其真实意思表示，第三人某资产管理公司无异议，符合法律规定，不损害公共利益和他人合法权益的，应准许市人社局撤回上诉。

6. 根据《工伤保险条例》第20条第3款的规定，作出工伤认定决定需要以司法机关或者有关行政主管部门的结论为依据的，在司法机关或者有关行政主管部门尚未作出结论期间，作出工伤认定决定的时限中止。本案中，某资产管理公司申请工伤认定时，并不存在《工伤保险条例》第20条第3款所规定的依法可以作出中止决定的情形。被告依据《工伤保险条例》第20条的规定作出《中止通知》属于适用法律、法规错误，《中止通知》不合法。根据《行政诉讼法》第70条的规定，行政行为有下列情形之一的，人民法院判决撤销或者部分撤销，并可以判决被告重新作出行政行为：……②适用法律、法规错误的；……本案中，被诉《中止通知》适用法律、法规错误，法院应判决撤销《中止通知》。

7. 根据2023年修订的《行政复议法》第24条第1款第1项的规定，县级以上地方各级人民政府管辖对本级人民政府工作部门作出的行政行为不服的行政复议案件。本案中，若王某申请行政复议，是对市人社局作出的《中止通知》申请行政复议，市人社局作为市政府工作部门，对其作出的行政行为不服，行政复议由市政府管辖。注意：2023年修订的《行政复议法》对地方行政复议体制进行了重大调整，对县级以上地方政府部门作出的行政行为申请复议，由原来的本级政府和上一级主管部门双重管辖修改为只能由本级政府管辖。

答题要点

1. 行政确认，是指行政主体对行政相对人的法律地位、法律关系或法律事实予以确定、认定、证明的具体行政行为。（2分）《道路交通事故证明》是交警大队对王某某交通事故的事实认定，属于行政确认行为。（2分）

2. 属于。（1分）作出《中止通知》虽然属于工伤认定程序中的程序性行政行为，但该行为侵犯了王某某的人身权、财产权等合法权益，对王某某权利义务产生明显的实际影响，且无法通过提起针对相关的实体性行政行为的诉讼获得救济，故王某某对《中止通知》提起行政诉讼的，法院应当依法受理。（3分）

3. 根据《行政诉讼法》第14条和第18条第1款的规定，本案一审管辖法院是市人社局所在地（2分）的基层法院（2分）。

4. 王某具有原告资格。（1分）根据《行政诉讼法》第25条第2款和《行诉解释》第14条第1款的规定，王某某是被诉行政行为相对人，有权提起诉讼（1分），但王某某已死亡，故其父王某作为近亲属具有原告资格（2分）。

5. 市人社局能撤回上诉。（2分）

根据《行诉撤诉规定》第2、8条的规定，法院经审查，认为市人社局申请撤回上诉属其真实意思表示，某资产管理公司无异议，符合法律规定，不损害公共利益和他人合法权益的，应当准许市人社局撤回上诉。（2分）

6. 法院能撤销《中止通知》。（1分）市人社局根据《工伤保险条例》第20条的规定作出《中止通知》属于适用法律、法规错误。（1分）根据《行政诉讼法》第70条第2项的规定，被诉《中止通知》适用法律、法规错误，法院应当判决撤销《中止通知》。（2分）

7. 行政复议机关为市政府。（1分）根据《行政复议法》第24条第1款第1项的规定，市人社局作为市政府工作部门，王某对市人社局作出的《中止通知》申请行政复议，由市政府管辖。（3分）

案例 6　田某诉某大学拒绝颁发毕业证、学位证案

案情： 田某于 1994 年 9 月考取某大学，取得本科生的学籍。1996 年 2 月 29 日，田某在电磁学课程的补考过程中，随身携带写有电磁学公式的纸条。考试中，田某去上厕所时纸条掉出，被监考教师发现，监考老师当即停止了田某的考试。该大学根据原国家教委关于严肃考场纪律的指示精神，于 1994 年制定了《关于严格考试管理的紧急通知》。该通知规定，凡考试作弊的学生一律按退学处理，取消学籍。该大学据此于 1996 年 3 月 5 日认定田某的行为属作弊行为，并作出退学处理决定。同年 4 月 10 日，该大学填发了学籍变动通知，但退学处理决定和变更学籍的通知未直接向田某宣布、送达，也未给田某办理退学手续，田某继续以该校大学生的身份参加正常学习及学校组织的活动。

1996 年 9 月，该大学为田某补办了学生证，之后每学年均收取田某交纳的教育费，并为田某进行注册、发放大学生补助津贴，安排田某参加了大学生毕业实习设计，由其论文指导教师领取了学校发放的毕业设计结业费。田某还以该校大学生的名义参加考试，先后取得了大学英语四级、计算机应用水平测试合格证书。该大学对田某在该校的四年学习中成绩全部合格，通过毕业实习、毕业设计及论文答辩，获得优秀毕业论文及毕业总成绩为全班第九名的事实无争议。

1998 年 6 月，田某所在院系向该大学报送田某所在班级授予学士学位表时，该大学有关部门以田某已按退学处理、不具备该大学学籍为由，拒绝为其颁发毕业证书。该大学因此未将田某列入授予学士学位资格的名单交该校学位评定委员会审核。田某认为自己符合大学毕业生的法定条件，该大学拒绝给其颁发毕业证、学位证是违法的，遂向法院提起行政诉讼，请求法院判决该大学向其颁发毕业证、学位证。

（案例来源：最高人民法院指导案例 38 号）

材料：

一、《教育法》（1995 年 3 月 18 日第八届全国人民代表大会第三次会议通过，2009 年 8 月 27 日第一次修正，2015 年 12 月 27 日第二次修正，2021 年 4 月 29 日第三次修正）

第 22 条　国家实行学业证书制度。

经国家批准设立或者认可的学校及其他教育机构按照国家有关规定，颁发学历证书或者其他学业证书。

第 23 条　国家实行学位制度。

学位授予单位依法对达到一定学术水平或者专业技术水平的人员授予相应的学位，颁发学位证书。

二、《学位条例》（1980 年 2 月 12 日第五届全国人民代表大会常务委员会第十三次会议通过，2004 年 8 月 28 日修正）

第 8 条第 1 款　学士学位，由国务院授权的高等学校授予；硕士学位、博士学位，由国务

院授权的高等学校和科学研究机构授予。

三、《学位条例暂行实施办法》（1981年5月20日经国务院批准实施）

第4条　授予学士学位的高等学校，应当由系逐个审核本科毕业生的成绩和毕业鉴定等材料，对符合本暂行办法第3条及有关规定的，可向学校学位评定委员会提名，列入学士学位获得者的名单。

非授予学士学位的高等学校，对达到学士学术水平的本科毕业生，应当由系向学校提出名单，经学校同意后，由学校就近向本系统、本地区的授予学士学位的高等学校推荐。授予学士学位的高等学校有关的系，对非授予学士学位的高等学校推荐的本科毕业生进行审查考核，认为符合本暂行办法第3条及有关规定的，可向学校学位评定委员会提名，列入学士学位获得者的名单。

第5条　学士学位获得者的名单，经授予学士学位的高等学校学位评定委员会审查通过，由授予学士学位的高等学校授予学士学位。

四、《普通高等学校学生管理规定》（教育部规章，2005年通过，2017年修订）

第30条　学生有下列情形之一，学校可予退学处理：

（一）学业成绩未达到学校要求或者在学校规定的学习年限内未完成学业的；

（二）休学、保留学籍期满，在学校规定期限内未提出复学申请或者申请复学经复查不合格的；

（三）根据学校指定医院诊断，患有疾病或者意外伤残不能继续在校学习的；

（四）未经批准连续2周未参加学校规定的教学活动的；

（五）超过学校规定期限未注册而又未履行暂缓注册手续的；

（六）学校规定的不能完成学业、应予退学的其他情形。

学生本人申请退学的，经学校审核同意后，办理退学手续。

第31条　退学学生，应当按学校规定期限办理退学手续离校。退学的研究生，按已有毕业学历和就业政策可以就业的，由学校报所在地省级毕业生就业部门办理相关手续；在学校规定期限内没有聘用单位的，应当办理退学手续离校。

退学学生的档案由学校退回其家庭所在地，户口应当按照国家相关规定迁回原户籍地或者家庭户籍所在地。

问题：（共28分）

1. 该大学是否是本案的适格被告？为什么？（4分）
2. 该大学是否有权制定《关于严格考试管理的紧急通知》？为什么？（4分）
3. 《关于严格考试管理的紧急通知》规定"凡考试作弊的学生一律按退学处理，取消学籍"是否合法？为什么？（3分）
4. 田某能否要求法院对《关于严格考试管理的紧急通知》一并审查？为什么？（4分）
5. 法院如何处理《关于严格考试管理的紧急通知》？（4分）
6. 该大学对田某作出的退学处理决定是否违法？为什么？（5分）
7. 法院能否认定田某具有该大学学籍身份？为什么？（4分）

核心考点

行政诉讼的被告、合法性审查、判决以及行政规范性文件附带审查

> **解题思路**

1. 根据《教育法》第22条的规定，国家实行学业证书制度。经国家批准设立或者认可的学校及其他教育机构按照国家有关规定，颁发学历证书或者其他学业证书。根据《教育法》第29条第1款第4、5项的规定，高等学校对受教育者有进行学籍管理、实施奖励或处分的权利，有代表国家对受教育者颁发学历证书、学位证书的职责。根据《学位条例》第8条第1款的规定，学士学位，由国务院授权的高等学校授予。由此可知，颁发毕业证书和授予学位证书是法律授予高校的权利。根据《行诉解释》第24条第3款的规定，当事人对高等学校等事业单位以及律师协会、注册会计师协会等行业协会依据法律、法规、规章的授权实施的行政行为不服提起诉讼的，以该事业单位、行业协会为被告。学校虽然不是国家行政机关，但高校属于法律授权的履行教育行政管理职责的教育机构，法律授权高等学校实施行政行为，因高校实施行政行为而发生的争议，由行政诉讼来解决。学校在依法履行教育行政管理职权的活动中，具有行政诉讼的被告主体资格。本案中，该大学与田某之间属于教育行政管理关系，田某对该大学不予颁发其毕业证和学位证的行为不服的，有权提起行政诉讼，该大学是本案的适格被告。

2. 根据《教育法》第29条第1款第1项的规定，学校及其他教育机构有按照章程自主管理的权利。据此，高等学校依法具有相应的教育自主权，有权制定校纪、校规，并有权对在校学生进行教学管理和违纪处分。故该大学有权制定《关于严格考试管理的紧急通知》。

3. 如上所述，虽然高等学校享有相应的自主管理权，但其制定的校纪、校规和据此进行的教学管理和违纪处分，必须符合法律、法规和规章的规定，必须尊重和保护当事人的合法权益。根据《普通高等学校学生管理规定》第30条的规定，学生有下列情形之一，学校可予退学处理：①学业成绩未达到学校要求或者在学校规定的学习年限内未完成学业的；②休学、保留学籍期满，在学校规定期限内未提出复学申请或者申请复学经复查不合格的；③根据学校指定医院诊断，患有疾病或者意外伤残不能继续在校学习的；④未经批准连续2周未参加学校规定的教学活动的；⑤超过学校规定期限未注册而又未履行暂缓注册手续的；⑥学校规定的不能完成学业、应予退学的其他情形。学生本人申请退学的，经学校审核同意后，办理退学手续。其中并无因"考试作弊"而予以退学的事由。该大学制定的《关于严格考试管理的紧急通知》中"凡考试作弊的学生一律按退学处理，取消学籍"的规定，明显扩大了《普通高等学校学生管理规定》第30条的适用范围，故《关于严格考试管理的紧急通知》中的该条款不合法。

4. 根据《行政诉讼法》第53条的规定，公民、法人或者其他组织认为行政行为所依据的国务院部门和地方人民政府及其部门制定的规范性文件不合法，在对行政行为提起诉讼时，可以一并请求对该规范性文件进行审查。前述规范性文件不含规章。该大学制定的《关于严格考试管理的紧急通知》属于规范性文件，田某有权要求法院对《关于严格考试管理的紧急通知》一并审查。

5. 根据《行诉解释》第149条第1、2款的规定，人民法院经审查认为行政行为所依据的规范性文件合法的，应当作为认定行政行为合法的依据；经审查认为规范性文件不合法的，不作为人民法院认定行政行为合法的依据，并在裁判理由中予以阐明。作出生效裁判的人民法院应当向规范性文件的制定机关提出处理建议，并可以抄送制定机关的同级人民政府、上一级行政机关、监察机关以及规范性文件的备案机关。规范性文件不合法的，人民法院可以在裁判生效之日起3个月内，向规范性文件制定机关提出修改或者废止该规范性文件的司法建议。如上所述，《关于严格考试管理的紧急通知》中的一些条款不合法，不作为法院认定退学处理决定合法的依据，并在裁判理由中予以阐明。并且，法院可以在裁判生效之日起3个月内，向该大学提出修改或者废止该规范性文件的司法建议。

6. 该大学对田某作出的退学处理决定违法。原因在于：①适用法律依据错误。田某在补考中随身携带纸条的行为属于违反考场纪律的行为，该大学可以按照有关法律、法规、规章及学校的相关规定处理，但其对田某作出退学处理决定所依据的该校制定的《关于严格考试管理的紧急通知》与《普通高等学校学生管理规定》第30条规定的法定退学条件相抵触，故该大学所作退学处理决定违法。②违反正当程序原则。正当程序原则要求行政机关作出影响行政相对人权益的行政行为，必须遵循正当法律程序，包括事先告知相对人，向相对人说明行为的根据、理由，听取相对人的陈述、申辩，事后为相对人提供相应的救济途径等。本案中，该大学对田某作出的退学处理决定和学籍变更涉及田某受教育的基本权利，对其合法权益具有重大影响，为充分保障当事人权益，从正当程序原则出发，应当允许其申辩并在决定作出后及时送达，否则视为违反法定程序。本案中，该大学并未将退学处理决定和变更学籍的通知直接向田某宣布、送达，没有说明作出决定的理由，也没有给予田某陈述、申辩的机会，其处理决定缺乏最低限度的程序正义要求，属于违法行政行为。

7. 根据《普通高等学校学生管理规定》第31条的规定，退学学生，应当按学校规定期限办理退学手续离校。退学的研究生，按已有毕业学历和就业政策可以就业的，由学校报所在地省级毕业生就业部门办理相关手续；在学校规定期限内没有聘用单位的，应当办理退学手续离校。退学学生的档案由学校退回其家庭所在地，户口应当按照国家相关规定迁回原户籍地或者家庭户籍所在地。该大学对田某作出退学处理决定后，并未实际给田某办理注销学籍和迁移户籍、档案等手续。此外，该大学于1996年9月为田某补办学生证并注册的事实行为，应视为该大学改变了对田某所作的按退学处理的决定，恢复了田某的学籍。因此，法院可以认定田某具有该大学学籍身份。

答题要点

1. 该大学是本案的适格被告。（1分）根据《教育法》第22、23条以及《学位条例》第8条第1款的规定，该大学与田某之间属于教育行政管理关系，田某对该大学涉及其基本权利的管理行为不服的，有权提起行政诉讼，该大学是本案的适格被告。（3分）

2. 有权制定。（1分）该大学具有相应的教育自主权，有权制定校纪、校规，并有权对在校学生进行教学管理和违纪处分，有权制定《关于严格考试管理的紧急通知》。（3分）

3. 不合法。（1分）该大学制定的《关于严格考试管理的紧急通知》中的规定明显扩大了《普通高等学校学生管理规定》第30条的适用范围，因此违法。（2分）

4. 田某能要求法院对《关于严格考试管理的紧急通知》一并审查。（1分）该大学制定的《关于严格考试管理的紧急通知》属于规范性文件，根据《行政诉讼法》第53条第1款的规定，田某有权要求法院对《关于严格考试管理的紧急通知》一并审查。（3分）

5. 根据《行诉解释》第149条第1、2款的规定，《关于严格考试管理的紧急通知》中的一些条款不合法，不作为法院认定退学处理决定合法的依据，并在裁判理由中予以阐明。（2分）并且，法院可以在裁判生效之日起3个月内，向该大学提出修改或者废止该规范性文件的司法建议。（2分）

6. 退学处理决定违法。（1分）原因在于：①适用法律依据错误。该大学作出退学处理决定所依据的《关于严格考试管理的紧急通知》与《普通高等学校学生管理规定》规定的法定退学条件相抵触。（2分）②违反正当程序原则。该大学应将退学处理决定向田某送达、宣布，允许田某提出申辩意见。（2分）

7. 法院能认定田某具有该大学学籍身份。（1分）根据《普通高等学校学生管理规定》第31条的规定，该大学对田某作出退学处理决定后，也未实际给田某办理注销学籍和迁移户籍、档案等手续。（1分）该大学于1996年9月为田某补办学生证并注册的事实行为，应视为该大学改变了对田某所作的按退学处理的决定，恢复了田某的学籍。（2分）

案例 7　某区检察院诉某市林业局不履行法定职责案

案情： 2012年10月11日至2014年10月31日期间，某公司经审批后在某市临时占用林地开采露天碳质页岩。2012年11月，该公司向该市环境保护局（现为生态环境局，下同）报送《建设项目环境影响报告表》。该报告表载明大气污染物主要为"施工扬尘，以及燃油施工机械和运输设备排放的废气"，并表明"不在现场焚烧页岩"，在建设项目所在地环境质量现状中也载明"项目区为乡村环境，附近无工业大气污染源"。2012年12月7日，该市环境保护局出具《关于〈建设项目环境影响报告表〉审批意见的函》，"同意该项目按照《建设项目环境影响报告表》所列的项目建设"，要求"建设项目必须全面落实各项生态保护和污染防治措施，确保污染物达标排放"。2年临时占地期满后，该公司在申请续办使用林地手续尚未获得审批期间，仍违法占用林地进行开采。

2014年冬，该市林业局（现为林业和园林局，下同）在专项清查中发现该公司违法占用林地，随即作出了一系列林业行政执法行为。自2015年4月27日至2016年8月17日，该市林业局通过下达《停止违法行为通知书》《恢复林业用地及造林通知书》《责令限期恢复植被通知书》，制作《某公司恢复林业生产方案》等方式督促该公司停止露天焚烧煤矸石，并要求其将所占林地恢复林业生产条件和植被。

该市检察院于2016年10月14日向该市林业局发出001号《检察建议书》，对该市林业局提出了以下建议：①对某公司非法占用林地，致使森林、林木毁坏的行为依照《森林法》《森林法实施条例》的规定予以处理；②加强执法，督促该公司对违法占用的林地办理相关审批手续，并按规定交纳森林植被恢复费；③依法督促该公司对违法占用和毁坏的林地恢复山林植被并加强监督和管理。

2016年11月14日，该市林业局对《检察建议书》作出书面回复，称"该公司法定代表人朱某已被定罪量刑，根据《行政处罚法》第38条（现为第57条）之规定，不应再给予行政处罚。……该公司较长时间露天焚烧煤矸石，产生大量有害气体，空气污染致使矿区周边森林、林木受到毁坏，我局对该公司焚烧煤矸石烟熏毁坏矿区周边森林、林木这一行为，按照贵院建议，已责成某林场调查处理"。之后该林场并未收到该市林业局要求该林场对这一违法行为调查处理的通知；该公司亦未收到该市林业局对该公司燃烧煤矸石熏死影响区林木的行为作出处理的文书。

由于矿区燃烧的煤矸石仍未熄灭，且持续向周边林木散发有害气体，58 419平方米（87.7亩）影响区内仍有大片被有害气体熏死的林木。2016年12月28日，某区检察院经省检察院指定管辖，向法院提起行政诉讼。

在案件审理期间，该市林业局将该公司焚烧煤矸石排放有害气体毁坏影响区林木的行为移送给该市环境保护局查处。该市环境保护局作出《关于某矿业有限公司环境污染一案的回复》,"依据《森林法》第 44 条(现为第 74 条)的规定,请你单位督促该公司对毁坏的林地进行恢复"。

[案例来源:最高人民法院公布全国法院百篇优秀裁判文书(2017)鄂 0502 行初 1 号行政判决书]

材料一:
《森林法》

第 39 条第 1 款　禁止毁林开垦、采石、采砂、采土以及其他毁坏林木和林地的行为。

第 66 条　县级以上人民政府林业主管部门依照本法规定,对森林资源的保护、修复、利用、更新等进行监督检查,依法查处破坏森林资源等违法行为。

第 74 条第 1 款　违反本法规定,进行开垦、采石、采砂、采土或者其他活动,造成林木毁坏的,由县级以上人民政府林业主管部门责令停止违法行为,限期在原地或者异地补种毁坏株数 1 倍以上 3 倍以下的树木,可以处毁坏林木价值 5 倍以下的罚款;造成林地毁坏的,由县级以上人民政府林业主管部门责令停止违法行为,限期恢复植被和林业生产条件,可以处恢复植被和林业生产条件所需费用 3 倍以下的罚款。

《大气污染防治法》第 99 条　违反本法规定,有下列行为之一的,由县级以上人民政府生态环境主管部门责令改正或者限制生产、停产整治,并处 10 万元以上 100 万元以下的罚款;情节严重的,报经有批准权的人民政府批准,责令停业、关闭:

(一)未依法取得排污许可证排放大气污染物的;

(二)超过大气污染物排放标准或者超过重点大气污染物排放总量控制指标排放大气污染物的;

(三)通过逃避监管的方式排放大气污染物的。

材料二:2018 年 2 月 23 日最高人民法院审判委员会第 1734 次会议、2018 年 2 月 11 日最高人民检察院第十二届检察委员会第 73 次会议通过的《检察公益诉讼解释》,自 2018 年 3 月 2 日起施行,并于 2020 年修正。

问题:(共 28 分)

1. 根据《检察公益诉讼解释》的规定,如何确定本案的管辖法院?(4 分)

2. 根据《检察公益诉讼解释》的规定,该市林业局在 2016 年 11 月 14 日对《检察建议书》作出书面回复是否符合期限要求?为什么?(4 分)

3. 该区检察院的起诉是否符合行政公益诉讼的诉前程序要求?为什么?(4 分)

4. 根据《检察公益诉讼解释》的规定,该区检察院起诉应当提交哪些材料?(3 分)

5. 根据《检察公益诉讼解释》的规定,该区检察院在案件审理过程中能否撤回起诉?为什么?(4 分)

6. 该市林业局是否存在怠于履行监管职责的情形?为什么?(5 分)

7. 若某合法登记的环保公益组织针对该市林业局未履行职责行为提起行政诉讼,法院如何处理?(4 分)

核心考点

行政公益诉讼的起诉人、管辖法院、诉前程序、诉讼程序以及判决

解题思路

1. 根据《检察公益诉讼解释》第 5 条第 2 款的规定，基层人民检察院提起的第一审行政公益诉讼案件，由被诉行政机关所在地基层人民法院管辖。本案中，该区检察院向法院提起行政公益诉讼，请求确认该市林业局行为违法，责令该市林业局履行职责，本案的起诉人是该区检察院,被告是该市林业局。因此,本案的管辖法院是被诉行政机关——该市林业局所在地基层法院。

2. 根据《检察公益诉讼解释》第 21 条第 2 款的规定,行政机关应当在收到检察建议书之日起 2 个月内依法履行职责,并书面回复人民检察院。出现国家利益或者社会公共利益损害继续扩大等紧急情形的,行政机关应当在 15 日内书面回复。可知,原则上行政机关应当在收到检察建议书之日起 2 个月内书面回复检察院。本案中,该市检察院于 2016 年 10 月 14 日向该市林业局发出《检察建议书》,2016 年 11 月 14 日该市林业局对《检察建议书》作出书面回复,符合 2 个月的期限要求。

3. 根据《行政诉讼法》第 25 条第 4 款的规定,人民检察院在履行职责中发现生态环境和资源保护、食品药品安全、国有财产保护、国有土地使用权出让等领域负有监督管理职责的行政机关违法行使职权或者不作为,致使国家利益或者社会公共利益受到侵害的,应当向行政机关提出检察建议,督促其依法履行职责。行政机关不依法履行职责的,人民检察院依法向人民法院提起诉讼。本案属于生态环境和资源保护行政公益诉讼案件。行政公益诉讼的诉前程序要求,检察院发现行政机关违法行使职权或者不作为,应当向行政机关提出检察建议,督促其依法履行职责。该市检察院于 2016 年 10 月 14 日向该市林业局发出 001 号《检察建议书》,履行了行政公益诉讼的诉前程序,该区检察院经指定管辖作为公益诉讼起诉人向法院提起行政公益诉讼,符合程序要求。

4. 根据《检察公益诉讼解释》第 22 条的规定,人民检察院提起行政公益诉讼应当提交下列材料:①行政公益诉讼起诉书,并按照被告人数提出副本;②被告违法行使职权或者不作为,致使国家利益或者社会公共利益受到侵害的证明材料;③已经履行诉前程序,行政机关仍不依法履行职责或者纠正违法行为的证明材料。本案中,该区检察院起诉应当提交行政公益诉讼起诉书、该市林业局不履行职责致使国家利益或者社会公共利益受到侵害的证明材料、检察机关已经履行诉前程序而该市林业局仍不依法履行职责或者纠正违法行为的证明材料。

5. 根据《检察公益诉讼解释》第 24 条的规定,在行政公益诉讼案件审理过程中,被告纠正违法行为或者依法履行职责而使人民检察院的诉讼请求全部实现,人民检察院撤回起诉的,人民法院应当裁定准许;人民检察院变更诉讼请求,请求确认原行政行为违法的,人民法院应当判决确认违法。本案中,该区检察院在案件审理过程中能撤回起诉的条件是,该市林业局依法履行职责而使该区检察院的诉讼请求全部实现。满足此条件,该区检察院在案件审理过程中才能撤回起诉,否则不能撤回起诉。

6. 根据《森林法》第 66 条的规定,县级以上人民政府林业主管部门依照本法规定,对森林资源的保护、修复、利用、更新等进行监督检查,依法查处破坏森林资源等违法行为。根据《森林法》第 39 条第 1 款的规定,禁止毁林开垦、采石、采砂、采土以及其他毁坏林木和林地的行为。根据《森林法》第 74 条第 1 款的规定,违反本法规定,进行开垦、采石、采砂、采土或者其他活动,造成林木毁坏的,由县级以上人民政府林业主管部门责令停止违法行为,限期在原地或者异地补种毁坏株数 1 倍以上 3 倍以下的树木,可以处毁坏林木价值5倍以下的罚款；造成林地毁坏的，由县级以上人民政府林业主管部门责令停止违法行为，限期恢复植被和林业生产条件，可以处恢复植被和林业生产条件所需费用3倍以下的罚款。因此，因毁林开垦、采石等行为造成森林、林木受到毁坏的，应由县级以上政府林业主管部门履行管理和监督的职责。本案中，该公司违法烧矿毁坏影响区林木的行为属于该市林业局的管理范围。该市林业局虽然曾要求该公司熄灭开采区内焚烧煤矸石的火源并补种树苗，但并未针对影响区内被毁坏的林木履行管理和监督的职责，而是将之移送该市环境保护局查处。根据《大气污染防治法》第99条的规定，违反本法规定，有下列行为之一的，由县级以上人民政府生态环境主管部门责令改正或者限制生产、停产整治，并处10万元以上100万元以下的罚款；情节严重的，报经有批准权的人民政府批准，责令停业、关闭：①未依法取得排污许可证排放大气污染物的；②超过大气污染物排放标准或者超过重点大气污染物排放总量控制指标排放大气污染物的；③通过逃避监管的方式排放大气污染物的。因此，生态环境主管部门仅能针对大气污染行为进行查处，并无管理和监督被毁林地及督促植被恢复的职责，生态环境主管部门对大气污染行为的行政处罚行为亦不能免除林业主管部门对被毁林地的管理和监督职责。故该市林业局存在怠于履行监管职责的情形。

7. 根据《行政诉讼法》第25条第4款的规定，人民检察院在履行职责中发现生态环境和资源保护、食品药品安全、国有财产保护、国有土地使用权出让等领域负有监督管理职责的行政机关违法行使职权或者不作为，致使国家利益或者社会公共利益受到侵害的，应当向行政机关提出检察建议，督促其依法履行职责。行政机关不依法履行职责的，人民检察院依法向人民法院提起诉讼。由此可知，只有检察院才能向法院提起行政公益诉讼，该合法登记的环保公益组织不具有行政公益诉讼的起诉人资格，法院不予受理该合法登记的环保公益组织针对该市林业局未履行职责行为提起的行政诉讼。

答题要点

1. 该区检察院向法院提起行政诉讼，请求确认该市林业局行为违法，责令该市林业局履行职责，本案的起诉人是该区检察院，被告是该市林业局。（2分）根据《检察公益诉讼解释》第5条第2款的规定，基层检察院提起的第一审行政公益诉讼案件，由被告所在地基层法院管辖。（1分）因此，本案的管辖法院是该市林业局所在地的基层法院。（1分）

2. 符合。（1分）根据《检察公益诉讼解释》第21条第2款的规定，原则上行政机关应当在收到检察建议书之日起2个月内书面回复人民检察院。（1分）该市检察院于2016年10月14日向该市林业局发出《检察建议书》，2016年11月14日，该市林业局对《检察建议书》作出书面回复，符合2个月的期限要求。（2分）

3. 该区检察院的起诉符合行政公益诉讼的程序要求。（1分）根据《行政诉讼法》第25条第4款的规定，检察院发现在特定领域负有监督管理职责的行政机关违法行使职权或者不作为，应当向行政机关提出检察建议，督促其依法履行职责，行政机关不依法履行职责的，检察院向法院提起诉讼。本案中，该市检察院发出《检察建议书》表明其履行了诉前程序，该区检察院经指定管辖作为起诉人向法院提起行政公益诉讼，符合程序要求。（3分）

4. 根据《检察公益诉讼解释》第22条的规定，该区检察院起诉应当提交行政公益诉讼起诉书（1分）、该市林业局不履行职责致使国家利益或者社会公共利益受到侵害的证明材料（1分）、检察机关已经履行诉前程序而该市林业局仍不依法履行职责或者纠正违法行为的证明材料（1分）。

5. 该区检察院在案件审理过程中不能撤回起诉。（1分）根据《检察公益诉讼解释》第24条的规定，该区检察院在案件审理过程中能撤回起诉的条件是，该市林业局依法履行职责而使该区检察院的诉讼请求全部实现，否则其不能撤回起诉。（3分）

6. 存在。（1分）根据《森林法》第39条第1款、第66条、第74条第1款的规定，因毁林开垦、采石等行为造成森林、林木毁坏的，应由县级以上政府林业主管部门履行管理和监督的职责。该公司违法烧矿毁坏影响区林木的行为属于该市林业局的监管范围。（1分）该市林业局虽然曾要求该公司熄灭开采区内焚烧煤矸石的火源并补种树苗，但并未针对影响区内被毁坏的林木履行管理和监督的职责，而是将之移送该市环境保护局查处。（1分）根据《大气污染防治法》第99条的规定，生态环境主管部门仅能针对大气污染行为进行查处，并无管理和监督被毁林地及督促植被恢复的职责，生态环境主管部门对大气污染行为的行政处罚行为亦不能免除林业主管部门对被毁林地的管理和监督职责。（1分）故该市林业局存在怠于履行监管职责的情形。（1分）

7. 法院不予受理。（1分）根据《行政诉讼法》第25条的规定，只有检察院才能向法院提起行政公益诉讼，某合法登记的环保公益组织不具有行政公益诉讼的起诉人资格，法院不予受理该合法登记的环保公益组织针对该市林业局未履行职责行为提起的行政诉讼。（3分）

案例 8　某奶制品企业诉市场监管局处理决定案

案情： 甲省政府为了更好地维护市场经济秩序，根据《规章制定程序条例》制定了《关于进一步整顿市场秩序的规定》（以下简称《规定》）。甲省乙市市场监管局（位于乙市 A 区）根据群众举报，对辖区内某奶制品企业进行检查，发现该奶制品企业在生产奶制品的过程中使用国家明令禁止的添加剂。乙市市场监管局根据甲省政府制定的《规定》，决定查封该奶制品企业的生产设备，并最终对该奶制品企业作出吊销该奶制品企业营业执照的处罚决定。该奶制品企业向乙市政府（位于乙市 B 区）申请行政复议，乙市政府维持了乙市市场监管局的处理决定，复议过程中，乙市政府虽然发现《规定》中的某些规定不合法，但没有进行处理。该奶制品企业不服，向法院提起行政诉讼，一并对《规定》提出附带审查。

问题：（共 28 分）

1. 《规定》能否设定查封和吊销企业营业执照？为什么？（4 分）
2. 该奶制品企业对乙市市场监管局的查封决定和处罚决定能否申请听证？请说明法律依据。（4 分）
3. 行政复议中，乙市政府能否书面审理案件？为什么？若乙市政府发现《规定》中的某些规定不合法，应当如何处理？（5 分）
4. 如何确定本案的被告？（3 分）
5. 如何确定本案的级别管辖和地域管辖？（4 分）
6. 该奶制品企业提起行政诉讼时能否一并对《规定》提出附带审查？为什么？（4 分）
7. 被诉行政行为合法性的举证责任由谁承担？（4 分）

核心考点

行政处罚与行政强制的设定、听证　行政复议的附带审查　行政诉讼的被告、管辖、举证责任、附带审查规范性文件

解题思路

1. 根据《行政强制法》第9、10条的规定，尚未制定法律，且属于国务院行政管理职权事项的，行政法规可以设定除限制公民人身自由和冻结存款、汇款以及应当由法律规定的行政强制措施以外的其他行政强制措施。尚未制定法律、行政法规，且属于地方性事务的，地方性法规可以设定查封场所、设施或者财物以及扣押财物的行政强制措施。法律、法规以外的其他规范性文件不得设定行政强制措施。本案中，甲省政府制定的《规定》属于行政规章，不可以设定任何强制措施，因此《规定》不能设定查封。

根据《行政处罚法》第14条第2款的规定，尚未制定法律、法规的，地方政府规章对违反行政管理秩序的行为，可以设定警告、通报批评或者一定数额罚款的行政处罚。由此可知，省级政府制定的规章可以设定警告、通报批评或者一定数额的罚款的行政处罚。本案中，甲省政府制定的《规定》属于地方政府规章，只能设定一定数额的罚款和警告、通报批评的行政处罚，而不能设定吊销企业营业执照。

2. 乙市市场监管局根据群众举报以及省政府的相关规定，在发现该奶制品企业在生产奶制品的过程中使用国家明令禁止的添加剂后，查封了该奶制品企业的生产设备。该查封措施是为制止企业的违法行为、避免危害发生、控制危险扩大等情形而采取的，是一种暂时性控制行为，属于行政强制措施，适用《行政强制法》的规定。根据《行政强制法》第18条第5、6项的规定，行政机关实施行政强制措施应当当场告知当事人采取行政强制措施的理由、依据以及当事人依法享有的权利、救济途径，应当听取当事人的陈述和申辩。由此可知，《行政强制法》没有规定当事人具有申请听证的权利。因而对于乙市市场监管局的查封行为，该奶制品企业不可以申请听证。

乙市市场监管局最终对该奶制品企业作出吊销营业执照的决定，这是一种具备惩戒性质的行政行为，属于行政处罚，适用《行政处罚法》的规定。根据《行政处罚法》第63条第1款的规定，行政机关拟作出下列行政处罚决定，应当告知当事人有要求听证的权利，当事人要求听证的，行政机关应当组织听证：……③降低资质等级、吊销许可证件；……吊销营业执照属于吊销许可证件。由此可知，乙市市场监管局应当告知该奶制品企业有要求举行听证的权利，该奶制品企业可以对该处罚决定申请听证。

3. 根据2023年修订的《行政复议法》第54条第2款的规定，适用简易程序审理的行政复议案件，可以书面审理。根据2023年修订的《行政复议法》第49条的规定，适用普通程序审理的行政复议案件，行政复议机构应当当面或者通过互联网、电话等方式听取当事人的意见，并将听取的意见记录在案。因当事人原因不能听取意见的，可以书面审理。可知，行政复议案件适用简易程序审理的，可以书面审理；适用普通程序审理的，原则上应当听取当事人意见，不能书面审理。根据2023年修订的《行政复议法》第53条的规定，行政复议机关审理下列行政复议案件，认为事实清楚、权利义务关系明确、争议不大的，可以适用简易程序：①被申请行政复议的行政行为是当场作出；②被申请行政复议的行政行为是警告或者通报批评；③案件涉及款额3000元以下；④属于政府信息公开案件。除前述规定以外的行政复议案件，当事人各方同意适用简易程序的，可以适用简易程序。本案不属于适用简易程序审理的行政复议案件，市政府不能书面审理。

根据2023年修订的《行政复议法》第57条的规定，行政复议机关在对被申请人作出的行政行为进行审查时，认为其依据不合法，本机关有权处理的，应当在30日内依法处理；无权处理的，应当在7日内转送有权处理的国家机关依法处理。根据2023年修订的《行政复议法》第60条的规定，依照本法第56、57条的规定接受转送的行政机关、国家机关应当自收到转送之日起60日内，将处理意见回复转送的行政复议机关。本案中，该奶制品企业向乙市政府申请行政复议，乙市政府作为复议机关，无权处理甲省政府作出的《规定》，应当在7日内转送有权处理的国家机关处理。接受转送的国家机关应当自收到转送之日起60日内，将处理意见回复乙市政府。

4. 乙市政府维持了乙市市场监管局的处理决定。根据《行政诉讼法》第26条第2款的规定，经复议的案件，复议机关决定维持原行政行为的，作出原行政行为的行政机关和复议机关是共同被告；复议机关改变原行政行为的，复议机关是被告。《行诉解释》第22条第1款规定，《行政诉讼法》第26条第2款规定的"复议机关改变原行政行为"，是指复议机关改变原行政行为的处理结果。复议机关改变原行政行为所认定的主要事实和证据、改变原行政行为所适用的规范依据，但未改变原行政行为处理结果的，视为复议机关维持原行政行为。本案中，乙市政府作为复议机关，在复议中没有改变乙市市场监管局的处理结果，因此乙市政府的行为属于复议维持，作出原行政行为的乙市市场监管局和复议机关乙市政府是共同被告。

5. 根据《行政诉讼法》第18条第1款的规定，行政案件由最初作出行政行为的行政机关所在地人民法院管辖。经复议的案件，也可以由复议机关所在地人民法院管辖。本案中，乙市市场监管局作出的行为经过了复议，本案属于经复议的案件，既可以由最初作出行政行为的乙市市场监管局所在的乙市A区的法院管辖，也可以由复议机关乙市政府所在的乙市B区的法院管辖。根据《行诉解释》第134条第3款的规定，复议机关作共同被告的案件，以作出原行政行为的行政机关确定案件的级别管辖。本案中，以作出原行政行为的乙市市场监管局确定级别管辖。《行政诉讼法》第14条规定，基层人民法院管辖第一审行政案件。因此，本案由乙市A区或者乙市B区的基层法院管辖。

6. 根据《行政诉讼法》第53条的规定，公民、法人或者其他组织认为行政行为所依据的国务院部门和地方人民政府及其部门制定的规范性文件不合法，在对行政行为提起诉讼时，可以一并请求对该规范性文件进行审查。前述规范性文件不含规章。规范性文件是指行政机关为了执行法律、法规和规章以及实现行政目的制定、发布的，除行政法规和规章之外的，具有普遍约束力的决定、命令和行政措施。本案中，《规定》是甲省政府根据《规章制定程序条例》制定的具有普遍约束力的规章，不是规范性文件，该奶制品企业不能够在提起行政诉讼时一并要求审查该《规定》。

7. 如上所述，本案是复议维持的案件，乙市市场监管局和乙市政府是共同被告。根据《行诉解释》第135条第2款的规定，作出原行政行为的行政机关和复议机关对原行政行为合法性共同承担举证责任，可以由其中一个机关实施举证行为。复议机关对复议决定的合法性承担举证责任。本案中，乙市市场监管局和乙市政府对原行政行为的合法性共同承担举证责任，可以由其中一个机关实施举证行为；另外，乙市政府作为复议机关，要对复议决定的合法性承担举证责任。

▶ **答题要点**

1. 不能。（1分）根据《行政强制法》第10条第4款的规定，法律、法规以外的其他规范性文件不得设定行政强制措施。因此，甲省政府制定的《规定》不能设定查封。（1分）根据《行政处罚法》第14条第2款的规定，地方政府规章只可以设定警告、通报批评或者一定数额罚款的行政处罚。因此，甲省政府制定的《规定》作为地方政府规章不能设定吊销企业营业执照。（2分）

2. 该奶制品企业对乙市市场监管局的查封决定不能申请听证，对处罚决定能申请听证。（2分）《行政强制法》对行政强制措施没有规定听证制度。（1分）根据《行政处罚法》第63条第1款第3项的规定，行政机关作出的吊销执照的决定作为吊销许可证件的行政处罚，属于听证范围。（1分）

3. 乙市政府不能书面审理。（1分）根据2023年修订的《行政复议法》第54条第2款和

第 49 条的规定，行政复议案件适用简易程序审理的，可以书面审理；适用普通程序审理的，原则上应当听取当事人的意见，不能书面审理。本案不属于适用简易程序审理的行政复议案件，乙市政府应当听取该奶制品企业的意见，不能书面审理。（2 分）

根据 2023 年修订的《行政复议法》第 57、60 条的规定，该奶制品企业向乙市政府申请行政复议，乙市政府作为复议机关，无权处理甲省政府作出的《规定》，应当在 7 日内转送有权处理的国家机关处理。（1 分）接受转送的国家机关应当自收到转送之日起 60 日内，将处理意见回复乙市政府。（1 分）

4. 根据《行诉解释》第 22 条第 1 款的规定，乙市政府维持了乙市市场监管局的处理决定，即复议机关维持原行政行为。（1 分）根据《行政诉讼法》第 26 条第 2 款的规定，本案属于复议维持案件，乙市市场监管局和乙市政府为共同被告。（2 分）

5. 根据《行政诉讼法》第 18 条第 1 款的规定，本案属于经复议的案件，可以由乙市市场监管局所在地乙市 A 区的法院管辖，也可以由乙市政府所在地乙市 B 区的法院管辖。（2 分）根据《行诉解释》第 134 条第 3 款的规定，本案属于复议机关作共同被告的案件，以作出原行政行为的乙市市场监管局确定案件的级别管辖，故本案由基层法院管辖。（2 分）

6. 不能。（1 分）根据《行政诉讼法》第 53 条的规定，公民、法人或者其他组织提起行政诉讼时，可以一并请求对行政行为所依据的规范性文件进行审查，但该规范性文件不含规章。甲省政府制定的《规定》属于规章，因此该奶制品企业提起行政诉讼时不能对《规定》提出附带审查。（3 分）

7. 根据《行诉解释》第 135 条第 2 款的规定，乙市市场监管局和乙市政府对乙市市场监管局决定的合法性共同承担举证责任（2 分），乙市政府对复议决定的合法性承担举证责任（2 分）。

案例 9　某燃气公司诉某市政府解除特许经营协议案

案情： 为了实现城市居民天然气供应，2011年7月15日，某市政府授权市住房和城乡建设局与某燃气公司签订《天然气综合利用项目合作协议》，约定由某燃气公司在该市从事城市天然气特许经营，特许经营期限为30年。

协议签订后，某燃气公司办理了一部分开工手续，并对项目进行了开工建设，但一直未能完工。

2014年7月10日，市住房和城乡建设局发出催告通知，告知某燃气公司在收到通知后2个月内抓紧办理天然气经营许可手续，否则将收回燃气授权经营区域。

2015年6月29日，某燃气公司向市政府出具项目建设保证书，承诺在办理完相关手续后3个月内完成项目建设，否则自动退出授权经营区域。

随后市政府多次催促某燃气公司完成天然气项目建设，但某燃气公司长期无法完工，致使授权经营区域内居民供气目的无法实现。

2016年4月6日，市政府决定解除《天然气综合利用项目合作协议》并收回某燃气公司的特许经营权。

某燃气公司不服，遂向法院起诉，请求撤销市政府解除《天然气综合利用项目合作协议》并收回其天然气特许经营权的行为。

（案例来源：最高法发布十个行政协议参考案例之九）

材料：

《市政公用事业特许经营管理办法》（中华人民共和国建设部令第126号，于2004年2月24日经第29次部常务会议讨论通过，自2004年5月1日起施行；中华人民共和国住房和城乡建设部令第24号，于2015年5月4日修改，自2015年5月4日起施行）

第25条　主管部门应当建立特许经营项目的临时接管应急预案。

对获得特许经营权的企业取消特许经营权并实施临时接管的，必须按照有关法律、法规的规定进行，并召开听证会。

问题：（共28分）

1. 《天然气综合利用项目合作协议》属于民事协议还是行政协议？本案是民事诉讼还是行政诉讼？（4分）

2. 如何确定本案的被告？（4分）

3. 若市住房和城乡建设局与某燃气公司签订的《天然气综合利用项目合作协议》中约定纠纷由协议订立地基层法院管辖，本案管辖能否从其约定？为什么？（4分）

4. 某燃气公司的起诉是适用民法规定的诉讼时效还是适用行政诉讼法规定的起诉期限？为什么？（4分）

5. 如何确定本案的举证责任？若对某燃气公司是否完成项目建设产生争议，由谁承担举证责任？（4分）

6. 市政府解除《天然气综合利用项目合作协议》并收回某燃气公司的特许经营权是否合法？为什么？（4分）

7. 法院如何判决？（4分）

核心考点

行政协议的概念与解除　行政诉讼的被告、级别管辖、起诉期限、审理对象、举证责任、判决

> **解题思路**

1. 根据《行政协议案件规定》第1条的规定，行政机关为了实现行政管理或者公共服务目标，与公民、法人或者其他组织协商订立的具有行政法上权利义务内容的协议，属于《行政诉讼法》第12条第1款第11项规定的行政协议。本案中，行政机关是为了实现城市居民天然气供应即为了实现公共服务目标与某燃气公司签订了《天然气综合利用项目合作协议》，因此，《天然气综合利用项目合作协议》属于行政协议中的政府特许经营协议。

根据《行政诉讼法》第12条第1款的规定，人民法院受理公民、法人或者其他组织提起的下列诉讼：……⑪认为行政机关不依法履行、未按照约定履行或者违法变更、解除政府特许经营协议、土地房屋征收补偿协议等协议的；……根据《行政协议案件规定》第2条的规定，公民、法人或者其他组织就下列行政协议提起行政诉讼的，人民法院应当依法受理：①政府特许经营协议；……根据《行政协议案件规定》第4条第1款的规定，因行政协议的订立、履行、变更、终止等发生纠纷，公民、法人或者其他组织作为原告，以行政机关为被告提起行政诉讼的，人民法院应当依法受理。本案中，市政府决定解除《天然气综合利用项目合作协议》并收回某燃气公司的天然气特许经营权，某燃气公司不服向法院提起诉讼，属于行政诉讼。

2. 根据《行政诉讼法》第26条第5款的规定，行政机关委托的组织所作的行政行为，委托的行政机关是被告。根据《行政协议案件规定》第4条第2款的规定，因行政机关委托的组织订立的行政协议发生纠纷的，委托的行政机关是被告。本案中，市政府授权市住房和城乡建设局与某燃气公司签订行政协议，视为市政府委托市住房和城乡建设局与某燃气公司订立行政协议，因此，市政府是委托的行政机关。因市政府解除行政协议并收回某燃气公司的天然气特许经营权发生纠纷的，委托的行政机关——市政府是本案的被告。

3. 根据《行政诉讼法》第15条的规定，中级人民法院管辖下列第一审行政案件：①对国务院部门或者县级以上地方人民政府所作的行政行为提起诉讼的案件；……本案中，市政府为被告，对县级以上地方政府所作的行政行为提起诉讼的案件由中级法院管辖，因此，本案的级别管辖法院为中级法院。根据《行政协议案件规定》第7条的规定，当事人书面协议约定选择被告所在地、原告所在地、协议履行地、协议订立地、标的物所在地等与争议有实际联系地点的人民法院管辖的，人民法院从其约定，但违反级别管辖和专属管辖的除外。市住房和城乡建设局与某燃气公司签订的《天然气综合利用项目合作协议》中约定纠纷由协议订立地基层法院管辖，违反了级别管辖，因此，本案管辖不能从其约定。

4. 根据《行政协议案件规定》第25条的规定，公民、法人或者其他组织对行政机关不依法履行、未按照约定履行行政协议提起诉讼的，诉讼时效参照民事法律规范确定；对行政机关变更、解除行政协议等行政行为提起诉讼的，起诉期限依照《行政诉讼法》及其司法解释确定。本案中，市政府决定解除《天然气综合利用项目合作协议》并收回某燃气公司的特许经营权，某燃气公司对市政府解除行政协议的行为不服提起诉讼的，属于对行政机关变更、解除行政协议等行政行为提起诉讼，应当适用《行政诉讼法》及其司法解释确定的起诉期限。

5. 根据《行政协议案件规定》第10条第1款的规定，被告对于自己具有法定职权、履行法定程序、履行相应法定职责以及订立、履行、变更、解除行政协议等行为的合法性承担举证责任。本案中，原告某燃气公司对被告市政府解除行政协议的行为不服提起诉讼的，被告市政府对其解除《天然气综合利用项目合作协议》并收回某燃气公司的特许经营权行为的合法性承担举证责任。

根据《行政协议案件规定》第10条第3款的规定，对行政协议是否履行发生争议的，由负有履行义务的当事人承担举证责任。本案中，若对某燃气公司是否完成项目建设产生争议，由负有履行义务的当事人某燃气公司承担举证责任。

6. 市政府与某燃气公司订立《天然气综合利用项目合作协议》是为了公共利益，为了实现城市居民天然气供应。在该行政协议履行过程中，某燃气公司长期无法完工，致使授权经营区域内居民供气目的无法实现，损害了社会公共利益，市政府有权解除特许经营协议并收回某燃气公司的特许经营权。根据《市政公用事业特许经营管理办法》第25条的规定，主管部门应当建立特许经营项目的临时接管应急预案。对获得特许经营权的企业取消特许经营权并实施临时接管的，必须按照有关法律、法规的规定进行，并召开听证会。本案中，市政府决定解除《天然气综合利用项目合作协议》并收回某燃气公司的特许经营权，但未依据《市政公用事业特许经营管理办法》第25条第2款的规定告知某燃气公司享有听证的权利，其未能履行相应的告知义务，违反了法定程序。因此，市政府解除《天然气综合利用项目合作协议》并收回某燃气公司的特许经营权的行为不合法。

7. 根据《行政诉讼法》第70条的规定，行政行为有下列情形之一的，人民法院判决撤销或者部分撤销，并可以判决被告重新作出行政行为：……③违反法定程序的；……根据《行政诉讼法》第74条第1款的规定，行政行为有下列情形之一的，人民法院判决确认违法，但不撤销行政行为：①行政行为依法应当撤销，但撤销会给国家利益、社会公共利益造成重大损害的；……本案中，市政府解除《天然气综合利用项目合作协议》并收回某燃气公司的特许经营权的行为违反了法定程序，法院应当判决撤销，但该行政行为涉及社会公共利益，一旦撤销会影响城市发展需要和居民供气需求，对公共利益造成损害，因此法院应当判决确认违法,但不撤销该行政行为。

答题要点

1. 根据《行政协议案件规定》第1条的规定,《天然气综合利用项目合作协议》的签订是为了实现城市居民天然气供应,其属于行政协议中的政府特许经营协议。(2分)

根据《行政诉讼法》第12条第1款第11项和《行政协议案件规定》第2条、第4条第1款的规定,市政府决定解除《天然气综合利用项目合作协议》并收回某燃气公司天然气特许经营权,某燃气公司提起的诉讼属于行政诉讼。(2分)

2. 根据《行政协议案件规定》第4条第2款的规定,市政府授权市住房和城乡建设局与某燃气公司签订行政协议,视为市政府委托市住房和城乡建设局订立的行政协议(2分),因市政府解除行政协议并收回某燃气公司天然气特许经营权发生纠纷的,市政府是本案的被告(2分)。

3. 本案管辖不能从其约定。(1分)由于本案被告为市政府,根据《行政诉讼法》第15条第1项的规定,本案的级别管辖法院为中级法院(1分);根据《行政协议案件规定》第7条的规定,市住房和城乡建设局与某燃气公司签订的《天然气综合利用项目合作协议》中约定纠纷由协议订立地基层法院管辖,违反了本案的级别管辖,不能从其约定(2分)。

4. 适用行政诉讼法规定的起诉期限。(1分)本案属于对行政机关解除行政协议提起诉讼的情形(2分),根据《行政协议案件规定》第25条的规定,起诉期限依照《行政诉讼法》及其司法解释确定(1分)。

5. 根据《行政协议案件规定》第10条第1款的规定,市政府对其解除《天然气综合利用项目合作协议》并收回某燃气公司的特许经营权行为的合法性承担举证责任。(2分)

根据《行政协议案件规定》第10条第3款的规定,对某燃气公司是否完成项目建设产生争议的,由某燃气公司承担举证责任。(2分)

6. 不合法。(1分)市政府解除《天然气综合利用项目合作协议》并收回某燃气公司的特许经营权,应依据《市政公用事业特许经营管理办法》第25条第2款的规定告知某燃气公司享有听证的权利(1分),但其未能履行相应的告知义务,违反了法定程序(2分)。

7. 虽然市政府解除《天然气综合利用项目合作协议》并收回某燃气公司的特许经营权的行为违法,但因该行政行为涉及社会公共利益,一旦撤销会影响城市发展需要和居民供气需求(2分),根据《行政诉讼法》第74条第1款第1项的规定,法院不适用撤销判决,应适用确认违法判决(2分)。

案例 10 苏某诉某区政府和市政府土地确权案

案情：某区政府于2023年11月向鲁某颁发第38号《集体土地使用证》，确认鲁某为43号地的土地使用者，并确认土地使用权面积为120平方米，使用权类型为批准拨用宅基地，土地用途为农村宅基地。

苏某认为该行为侵占自己的宅基地使用权，于2024年1月4日向市政府提出行政复议申请，请求依法撤销该区政府向鲁某颁发的第38号《集体土地使用证》。市政府经审查，于2024年2月27日作出第17号行政复议决定，认为该区政府向鲁某颁发《集体土地使用证》的行为与苏某无利害关系，驳回苏某的行政复议请求。

苏某不服，起诉至法院，请求撤销市政府第17号行政复议决定和该区政府第38号《集体土地使用证》，并责令两被告赔偿其自2003年起因邻居纠纷而损失的经济费用和精神损失费。市中级法院一审认为，苏某诉讼请求不明确。市中级法院向苏某释明，市政府以苏某与其申请的行政复议事项之间不存在利害关系为由驳回其行政复议申请，苏某将该区政府和市政府作为共同被告，并对二者各自所作行政行为一并提起诉讼，请求撤销第17号行政复议决定和第38号《集体土地使用证》，属于诉讼请求不明确。苏某拒绝变更其诉讼请求，其起诉不符合《行政诉讼法》规定的起诉条件。据此，市中级法院作出第53号行政裁定，驳回苏某的起诉。

苏某不服，向省高级法院提起上诉。省高级法院未经公开开庭审理，作出第265号行政裁定，裁定驳回上诉，维持原裁定。

苏某不服省高级法院第265号行政裁定，向最高法院申请再审。

[案例来源：最高人民法院（2016）最高法行申2671号行政裁定书]

问题：（共27分）

1. 法律上如何处理行政复议与行政诉讼的关系？（4分）

2. 苏某对该区政府向鲁某颁发的第38号《集体土地使用证》不服，能否直接向法院提起行政诉讼？为什么？（5分）

3. 市政府作出驳回苏某的行政复议请求的决定是否合法？为什么？（4分）

4. 该区政府和市政府能否为共同被告？为什么？（5分）

5. 第53号行政裁定驳回苏某的起诉是否合法？为什么？（5分）

6. 若该区政府向鲁某颁发的第38号《集体土地使用证》被认定违法，苏某自2003年起因邻居纠纷而损失的经济费用和精神损失费能否得到国家赔偿？为什么？（4分）

核心考点

行政复议与行政诉讼的关系　驳回行政复议申请与驳回行政复议请求的区别　行政诉讼的被告与起诉条件　国家赔偿范围

解题思路

1. 行政诉讼和行政复议，上位概念都是行政争议，它们的共同目标都是对行政行为的合法性进行审查并解决行政争议。两者的根本区别在于纷争解决的机关不同以及依据的程序不同。关于行政复议与行政诉讼如何衔接，《行政诉讼法》第44条规定，对属于法院受案范围的行政案件，公民、法人或者其他组织可以先向行政机关申请复议，对复议决定不服的，再向法院提起诉讼；也可以直接向法院提起诉讼。法律、法规规定应当先向行政机关申请复议，对复议决定不服再向法院提起诉讼的，依照法律、法规的规定。由此可知,在行政复议与行政诉讼的关系方面,采取的是一种"原告选择为原则,复议前置为例外"的模式。也就是说,除非法律、法规作出特别规定,申请行政复议并非提起行政诉讼的必经程序。而在原告选择方面,原告既可以选择先申请复议,再提起诉讼,也可以选择不申请复议,直接提起诉讼;但不能在诉讼之后再申请复议,更不能复议和诉讼两种程序同时进行。

2. 根据《行政复议法》第23条第1款第2项的规定,对行政机关作出的侵犯其已经依法取得的自然资源的所有权或者使用权的决定不服的,申请人应当先向行政复议机关申请行政复议,对行政复议决定不服的,可以再依法向法院提起行政诉讼。该区政府于2023年11月向鲁某颁发第38号《集体土地使用证》属于行政机关对土地使用权的行政确认行为,苏某认为该行为侵占自己的宅基地使用权,对该区政府向鲁某颁发的《集体土地使用证》不服,应当先申请行政复议;对行政复议决定不服的,可以再依法向法院提起行政诉讼。

3. 本案中,市政府以该区政府向鲁某颁发《集体土地使用证》的行为与苏某无利害关系为由,驳回苏某行政复议请求,是以行政复议申请不符合受理条件为由驳回行政复议申请的情形。根据《行政复议法》第33条的规定,行政复议机关受理行政复议申请后,发现该行政复议申请不符合本法第30条第1款规定的,应当决定驳回申请并说明理由。《行政复议法》第30条第1款规定,行政复议机关收到行政复议申请后,应当在5日内进行审查。对符合下列规定的,行政复议机关应当予以受理:①有明确的申请人和符合本法规定的被申请人;②申请人与被申请行政复议的行政行为有利害关系;③有具体的行政复议请求和理由;④在法定申请期限内提出;⑤属于本法规定的行政复议范围;⑥属于本机关的管辖范围;⑦行政复议机关未受理过该申请人就同一行政行为提出的行政复议申请,并且法院未受理过该申请人就同一行政行为提起的行政诉讼。因此,市政府以该区政府向鲁某颁发《集体土地使用证》的行为与苏某无利害关系为由,应当驳回苏某的行政复议申请,而不是驳回行政复议请求。根据《行政复议法》第69条的规定,行政复议机关受理申请人认为被申请人不履行法定职责的行政复议申请后,发现被申请人没有相应法定职责或者在受理前已经履行法定职责的,决定驳回申请人的行政复议请求。可知,驳回行政复议请求是案件符合复议受理条件,受理后经审理驳回申请人的行政复议请求,属于实体性驳回;驳回行政复议申请是案件不符合复议受理条件,受理后未经审理驳回申请人的行政复议申请,属于程序性驳回。

4. 《行政诉讼法》第26条第2款规定,经复议的案件,复议机关决定维持原行政行为的,作出原行政行为的行政机关和复议机关是共同被告;复议机关改变原行政行为的,复议机关是被告。可知,复议机关和作出原行政行为的行政机关作共同被告的前提是"复议机关决定维持原行政行为"。《行诉解释》第133条规定,《行政诉讼法》第26条第2款规定的"复议机关决定维持原行政行为",包括复议机关驳回复议申请或者复议请求的情形,但以复议申请不符合受理条件为由驳回的除外。本案中,市政府所作的第17号行政复议决定在性质上属于认为苏某与被申请的行政行为"无利害关系"进而驳回其复议申请的决定,这是以复议申请不符合受理条件为由驳回复议申请,不属于"复议机关决定维持原行政行为"的情形。综上，市政府作出的第 17 号行政复议决定不能认定为复议机关决定维持原行政行为，故该区政府和市政府不能为共同被告。因此，苏某如对市政府的第 17 号行政复议决定不服，应单独以市政府为被告提起诉讼；如对第 38 号《集体土地使用证》不服，应单独以该区政府为被告提起诉讼。

5. 苏某向法院同时起诉该区政府和市政府，诉讼请求既包括撤销市政府第 17 号行政复议决定，又包括撤销该区政府颁发的第 38 号《集体土地使用证》，属于在行政诉讼中同时起诉作出原行政行为的机关和复议机关，诉讼请求既包括撤销原行政行为，又包括撤销驳回其复议请求的复议决定。其复议请求的主体内容恰恰也是要求复议机关撤销原行政行为。如果受理该行为，就会造成这样一种局面：法院一方面自己去对原行政行为的合法性进行审查，另一方面又撤销驳回苏某复议请求的复议决定，责令复议机关也去审查原行政行为的合法性。这种局面实质上就是该法院和复议机关针对同一个行政纠纷同时启动解决程序，这不仅有违法律规定的复议和诉讼的先后顺序，也会造成无效的重复劳动。

本案中，市中级法院向苏某释明，市政府以苏某与其申请的行政复议事项之间不存在利害关系为由驳回其行政复议申请，苏某将该区政府和市政府作为共同被告，并对二者各自所作行政行为一并提起诉讼，请求撤销第 17 号行政复议决定和第 38 号《集体土地使用证》，属于诉讼请求不明确。但苏某拒绝变更其诉讼请求，因此其起诉不符合《行政诉讼法》第 49 条第 3 项规定的"有具体的诉讼请求和事实根据"的起诉条件。市中级法院据此裁定驳回其起诉，认定事实清楚，适用法律正确，审判程序合法。因此，第 53 号行政裁定驳回苏某的起诉合法。

6. 若该区政府向鲁某颁发的第 38 号《集体土地使用证》被认定违法，苏某自 2003 年起因邻居纠纷而损失的经济费用和精神损失费不能得到国家赔偿。

根据《国家赔偿法》第 32 条的规定，国家赔偿以支付赔偿金为主要方式。能够返还财产或者恢复原状的，予以返还财产或者恢复原状。《国家赔偿法》第 36 条规定，侵犯公民、法人和其他组织的财产权造成损害的，按照下列规定处理：①处罚款、罚金、追缴、没收财产或者违法征收、征用财产的，返还财产。②查封、扣押、冻结财产的，解除对财产的查封、扣押、冻结，造成财产损坏或者灭失的，依照本条第 3 项、第 4 项的规定赔偿。③应当返还的财产损坏的，能够恢复原状的恢复原状，不能恢复原状的，按照损害程度给付相应的赔偿金。④应当返还的财产灭失的，给付相应的赔偿金。⑤财产已经拍卖或者变卖的，给付拍卖或者变卖所得的价款；变卖的价款明显低于财产价值的，应当支付相应的赔偿金。⑥吊销许可证和执照、责令停产停业的，赔偿停产停业期间必要的经常性费用开支。⑦返还执行的罚款或者罚金、追缴或者没收的金钱，解除冻结的存款或者汇款的，应当支付银行同期存款利息。⑧对财产权造成其他损害的，按照直接损失给予赔偿。可知，《国家赔偿法》中规定的对财产损害的赔偿，只赔偿直接损失，不赔偿间接损失。苏某自 2003 年起因邻居纠纷而损失的经济费用不属于该区政府向鲁某颁发《集体土地使用证》造成的直接损失。

根据《国家赔偿法》第 35 条的规定，有《国家赔偿法》第 3 条或者第 17 条规定情形之一，致人精神损害的，应当在侵权行为影响的范围内，为受害人消除影响，恢复名誉，赔礼道歉；造成严重后果的，应当支付相应的精神损害抚慰金。而《国家赔偿法》第3、17条规定的都是人身自由、生命健康权受到损害的情形，由此产生精神损害抚慰金的国家赔偿。该区政府向鲁某颁发《集体土地使用证》并不会造成苏某人身自由、生命健康权方面的损害。因此，苏某自2003年起因邻居纠纷而损失的经济费用和精神损失费不能得到国家赔偿。

答题要点

1. 根据《行政诉讼法》第44条的规定，在行政复议与行政诉讼的关系方面，采取"原告选择为原则，复议前置为例外"的模式。（2分）原告可以选择复议在先、诉讼在后，而不能诉讼在先、复议在后，更不能复议和诉讼同时进行。（2分）

2. 不能。（1分）根据《行政复议法》第23条第1款第2项的规定，该区政府向鲁某颁发《集体土地使用证》属于对行政机关作出的侵犯其已经依法取得的自然资源使用权的决定不服的案件（2分），苏某对该区政府向鲁某颁发《集体土地使用证》不服，应当先申请行政复议；对行政复议决定不服的，可以再依法向法院提起行政诉讼（2分）。

3. 不合法。（1分）根据《行政复议法》第30条第1款和第33条的规定，驳回行政复议申请是案件不符合复议受理条件，受理后未经审理驳回申请人的行政复议申请。（1分）根据《行政复议法》第69条的规定，驳回行政复议请求是案件符合复议受理条件，受理后经审理驳回申请人的行政复议请求。（1分）本案中，市政府以该区政府向鲁某颁发《集体土地使用证》的行为与苏某无利害关系为由，应当驳回苏某的行政复议申请，而不是驳回行政复议请求。（1分）

4. 不能。（1分）《行政诉讼法》第26条第2款规定，复议机关和作出原行政行为的行政机关作共同被告的前提是"复议机关决定维持原行政行为"。（1分）《行诉解释》第133条规定，复议机关决定维持原行政行为包括复议机关驳回复议申请或者复议请求的情形，但以复议申请不符合受理条件为由驳回的除外。（1分）市政府以复议申请不符合受理条件为由驳回了苏某的申请，苏某如对市政府的行政复议决定不服，应单独以市政府为被告提起诉讼；如对第38号《集体土地使用证》不服，应单独以该区政府为被告提起诉讼。（2分）

5. 合法。（1分）苏某将该区政府和市政府作为共同被告，并对二者各自所作行政行为一并提起诉讼，其起诉不符合《行政诉讼法》第49条第3项规定的"有具体的诉讼请求和事实根据"的起诉条件，属于诉讼请求不明确。（2分）市中级法院向苏某释明，苏某拒绝变更其诉讼请求，第53号行政裁定驳回苏某的起诉合法。（2分）

6. 不能。（1分）根据《国家赔偿法》第32、36条的规定，对财产损害的赔偿，只赔偿直接损失，不赔偿间接损失。苏某自2003年起因邻居纠纷而损失的经济费用不属于该区政府向鲁某颁发《集体土地使用证》造成的直接损失。（1分）根据《国家赔偿法》第35条的规定，人身自由、生命健康权损害产生精神损害抚慰金。该区政府向鲁某颁发《集体土地使用证》并未造成苏某人身自由、生命健康权方面的损害。（1分）因此，苏某自2003年起因邻居纠纷而损失的经济费用和精神损失费不能得到国家赔偿。（1分）

声　明　1. 版权所有，侵权必究。

　　　　2. 如有缺页、倒装问题，由出版社负责退换。

图书在版编目（CIP）数据

主观题采分有料. 行政法 / 魏建新编著. -- 北京 : 中国政法大学出版社, 2024. 7. -- ISBN 978-7-5764-1574-2

Ⅰ. D920.4

中国国家版本馆 CIP 数据核字第 20241QN861 号

出 版 者	中国政法大学出版社
地　　　址	北京市海淀区西土城路 25 号
邮寄地址	北京 100088 信箱 8034 分箱　邮编 100088
网　　　址	http://www.cuplpress.com（网络实名：中国政法大学出版社）
电　　　话	010-58908285(总编室) 58908433（编辑部） 58908334(邮购部)
承　　　印	三河市华润印刷有限公司
开　　　本	787mm×1092mm　1/16
印　　　张	9.75
字　　　数	240 千字
版　　　次	2024 年 7 月第 1 版
印　　　次	2024 年 7 月第 1 次印刷
定　　　价	59.00 元

厚大法考（北京）2024 年主观题面授教学计划

班次名称		授课时间	标准学费（元）	阶段优惠(元)			备注
				6.10 前	7.10 前	8.10 前	
冲刺系列	主观实战演练班	9.3~10.16	17800	11800	12800	13800	配备本班次配套图书及随堂内部资料
	主观短训 A 班	9.28~10.16	12800	一对一批改；专属自习室；专项训练，短时高效，全方位提升应试能力。			
	主观短训 B 班	9.28~10.16	12800	7300	7800	8300	

其他优惠：

1. 3 人（含）以上团报，每人优惠 500 元。
2. 厚大老学员在阶段优惠基础上再享 95 折，不再适用团报政策。
3. 协议班次无优惠，不适用以上政策。

【总部及北京分校】北京市海淀区花园东路 15 号旷怡大厦 10 层厚大法考
咨询电话：4009-900-600-转 1-再转 1   18610642307 陈老师

厚大法考服务号

扫码咨询客服
免费领取 2024 年备考资料

厚大法考（西安）2024 年主观题教学计划

班次名称		授课时间	授课方式	标准学费（元）	阶段优惠(元)			图书配备
					6.10 前	7.10 前	8.10 前	
私塾系列	主观私塾 A 班	随报随学	全程集训	26800	一对一批改服务，班班督学；一对一诊断学情，针对性提升；课程全面升级；2024 年主观题未通过，退 20000 元。			配备本班次配套图书及随堂内部资料
	主观私塾 B 班	随报随学		16800	11880	12380	12880	
大成系列	主观通关 A 班	6.18~10.12		16800	座位优先，面批面改，带练带背；2024 年主观题未通过，退 9000 元。			
	主观通关 B 班	6.18~10.12		16800	9800	10300	9880	
	主观集训 A 班	7.10~10.12		13800	座位优先，面批面改，带练带背；2024 年主观题未通过，退 8000 元。			
	主观集训 B 班	7.10~10.12		13800	8880	9300	已开课	
冲刺系列	主观特训 A 班	8.20~10.12		11800	一对一辅导，班班督学；面批面改，带练带背。			
	主观特训 B 班	8.20~10.12		11800	7800	8300	8800	
	主观短训 A 班	9.23~10.12		10800	一对一辅导，班班督学；面批面改，带练带背。			
	主观短训 B 班	9.23~10.12		10800	6800	7300	7800	

其他优惠：

1. 3 人（含）以上团报，每人优惠 300 元；5 人（含）以上团报，每人优惠 500 元；8 人（含）以上团报，每人优惠 800 元。
2. 厚大老学员在阶段优惠基础上再优惠 500 元，不再享受其他优惠。
3. 协议班次不适用以上优惠政策。

【西安分校】陕西省西安市雁塔区长安南路 449 号丽融大厦 1802 室（西北政法大学北校区对面）
联系方式：18691857706 李老师   18636652560 李老师   13891432202 王老师

厚大法考 APP   厚大法考官博   西安厚大法考官微   西安厚大法考官博